〔表紙の写真〕 **2023.7.27 デトロイト**
タイガースとのダブルヘッダー第１試合で打席を待つ大谷翔平

岩手日報特別報道記録集

BIG FLY 大谷翔平

プレイバック 2023

※日付はすべて現地時間。記事中の数字や肩書きなどは岩手日報掲載時のものです。
チーム名や選手名については新聞表記のルールに則っています。

キング大谷

日本選手初のホームラン王

大リーグ・エンゼルスの大谷翔平（29）＝奥州市出身、水沢南中—花巻東高＝が日本人選手初の本塁打王に輝いた。故障の影響で終盤は欠場したが、8月末までに44本塁打をマーク。10月1日のアメリカンリーグ最終戦で2位に5本差をつけ、メジャー6年目で初のタイトルを獲得した。

3年目の「リアル二刀流」に臨んだ今季は、打者として打率3割4厘、95打点、20盗塁、投手では10勝5敗、防御率3・14、167奪三振と活躍。史上初となる2年連続の2桁勝利、2桁本塁打を達成した。

4月2日に第1号を放つと、5月18日に10号に到達。6月に15本、7月は9本と本塁打を量産し2カ月連続で月間最優秀選手（MVP）に輝いた。8月3日に2年ぶりの40号に到達。8月23日に今季最後となる44本目のアーチを放ったが、右肘靱帯（じんたい）損傷が判明し残り試合の登板を断念した。

9月4日の試合前に右脇腹を痛め、打者としても最終戦まで残り25試合を欠場。2021年に記録した自己最多46号の更新はならなかった。

9月19日に自身2度目となる右肘手術を受けて成功。代理人を務めるネズ・バレロ氏の声明によると、2024年は打者に専念し、投手での復帰は2025年になる見通し。

（日付は現地時間）

OHTANI 2023 Season Result

◆Batting			Pitching	
本塁打	44	①	23試合10勝5敗	
打点	95		投球回	132
打率	.304	④	投球数	2094
得点	102	④	自責点	46
出塁率	.412	①	防御率	3.14
長打率	.654	①	奪三振	167
OPS	1.066	①	被安打	85
599打席497打数			被本塁打	18
安打数	151		与四球	55
二塁打	26		与死球	11
三塁打	8		被打率	.184
三振	143		奪三振率	11.39
四球	91			
盗塁	20			

丸数字はアメリカンリーグでの順位

独走44アーチ

4.5 シアトル

マリナーズ戦で打席に向かう大谷翔平。この日は先発投手として6回1失点、111球を投げて今季初勝利をつかんだ

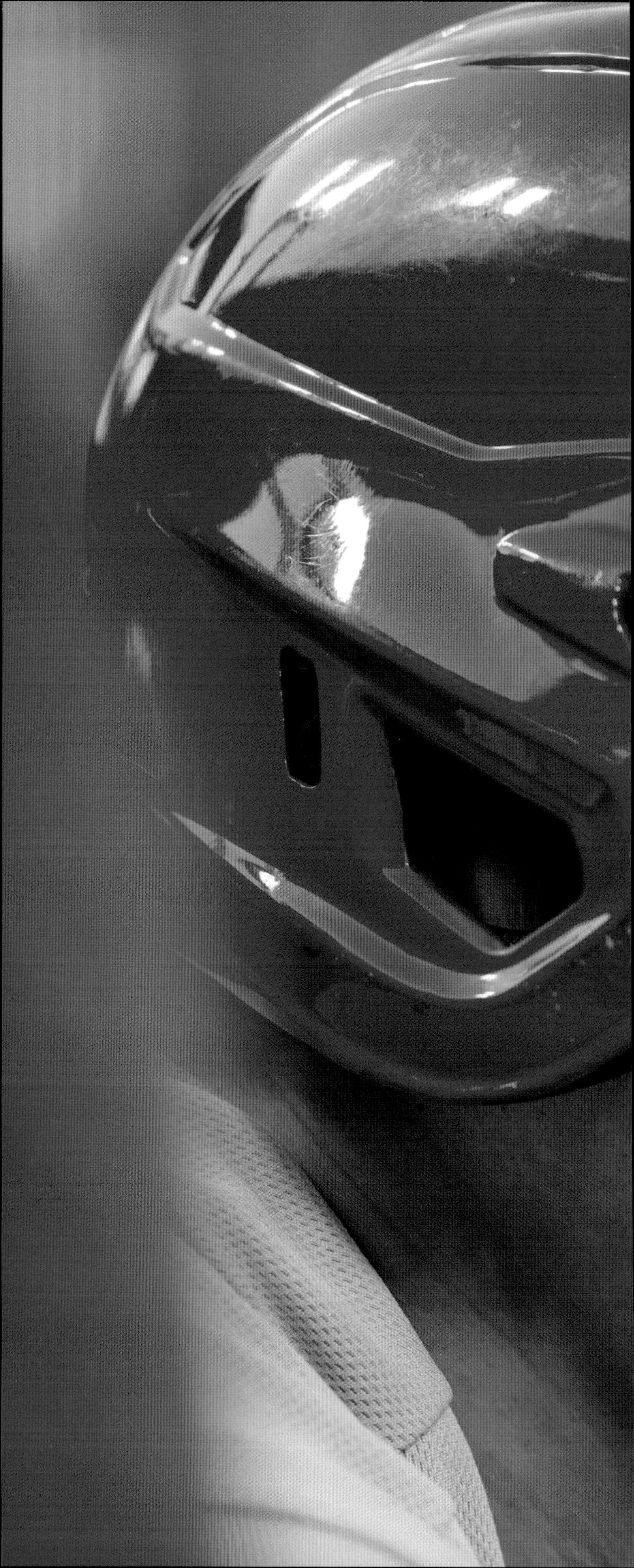

KING OHTANI

2023 American League Home Run Leader

5.3 セントルイス

カージナルス戦に3番･投手兼指名打者として出場。自己最多13奪三振でメジャー通算500奪三振をマークした

KING OHTANI
2023 American League Home Run Leader

4.16 ボストン

レッドソックス戦で打席に向かう大谷。この日は4打数ノーヒットに終わり、連続試合出塁が36で止まった

KING OHTANI
2023 American League Home Run Leader

6.9 アナハイム

マリナーズ戦で投球を待つ大谷。リアル二刀流として出場し、特大の17号2ランを放った（Gary A.Vasques ／USA TODAY・ロイター＝共同通信）

KING OHTANI

2023 American League Home Run Leader

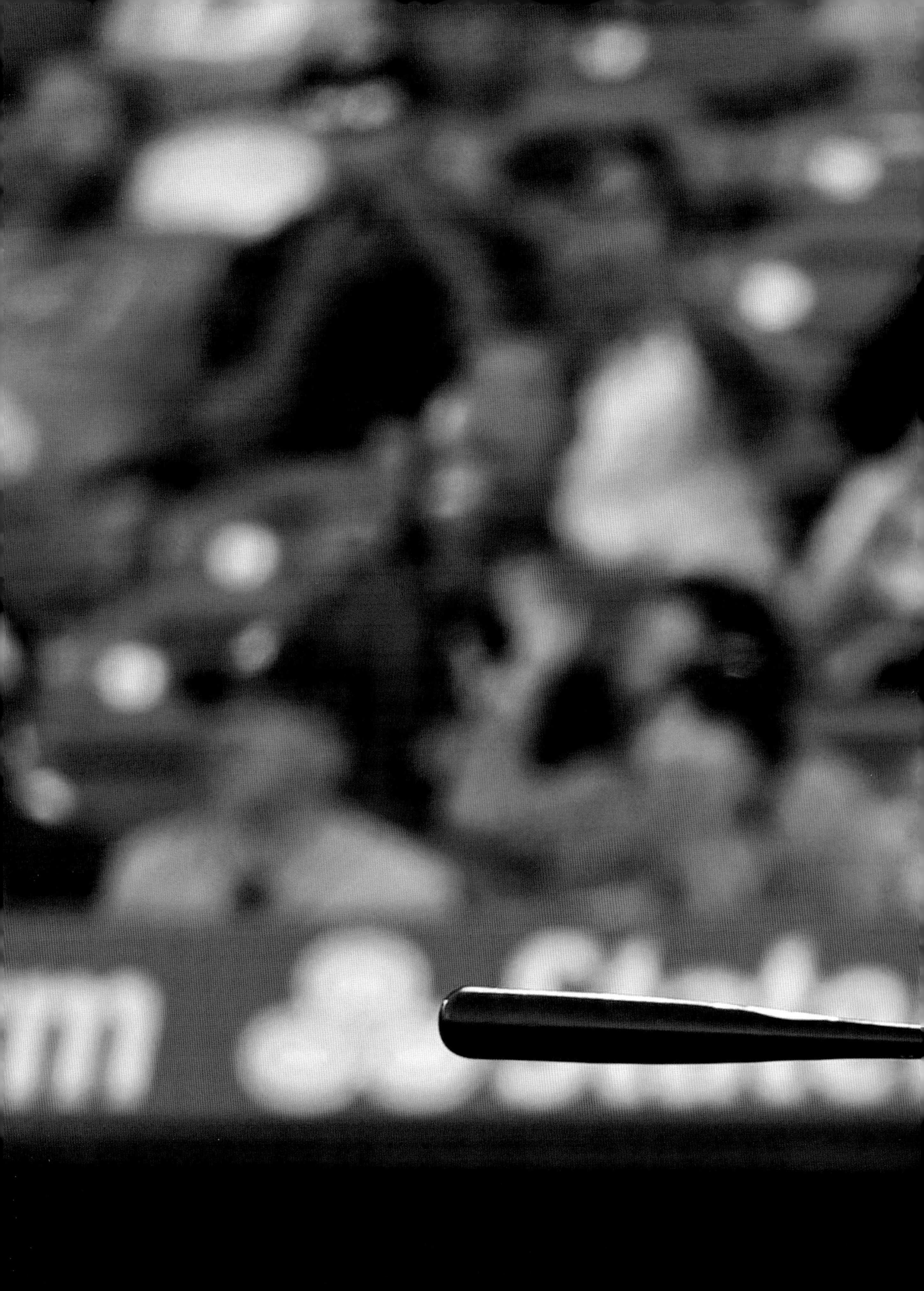

7.16 アナハイム

アストロズ戦の9回、2試合連続となる34号ソロ

7.17 アナハイム
ヤンキース戦の7回、3試合連続となる35号同点2ラン。雄たけびを上げて塁を回る

KING OHTANI

2023 American League Home Run Leader

4.5 シアトル

マリナーズ戦の7回、三塁線を抜く適時打で追加点を挙げ、右腕を高々と突き出す

KING OHTANI
2023 American League Home Run Leader

6.23 デンバー

今シーズンのエンゼルスの本塁打パフォーマンスに登場し、反響を呼んだ兜(かぶと)。ロッキーズ戦で日米通算200本塁打となる25号ソロを放った際も兜をかぶり、ブルペンに向かって喜びの表情を見せた

7.15 アナハイム

本拠地でのアストロズ戦でグラウンドに視線を送る大谷

BM

4.28 ミルウォーキー

ブルワーズ戦でバットを肩に乗せ、自分の打順を待つ大谷。ミルウォーキーでのプレーはメジャー6年目で初めてだった

4.4 シアトル

マリナーズ戦の6回、ベンチで打席を待つ大谷（広角レンズで撮影）

KING OHTANI

2023 American League Home Run Leader

7.30 トロント

ブルージェイズ戦に臨む大谷。この日は2試合連続して2つの敬遠四球で、プレーオフ進出を争うライバルから勝負を避けられた（John E.Sokolowski／USA TODAY・ロイター＝共同通信）

8.9 アナハイム

ジャイアンツ戦に先発し、味方の好守をたたえる大谷。本拠地で節目の10勝目を挙げ、史上初となる2年連続「2桁勝利、2桁本塁打」を達成した

7.14 アナハイム

アストロズ戦の3回、マウンドでボールを見つめる大谷。今季２戦２敗のアストロズに5点を奪われ5敗目を喫した

7.21 アナハイム

パイレーツ戦の7回途中に降板し、審判のチェックを受けた後に笑顔を見せる大谷。4本の本塁打を許したものの8勝目を挙げた

Franklin

OHTANI
17

8.7 アナハイム

ジャイアンツ戦の6回、俊足を飛ばし、味方の適時打で二塁から一気に本塁へ向かう大谷。今季は2年ぶりの20 盗塁をマークした

KING OHTANI
2023 American League Home Run Leader

8.1 アトランタ

メジャー屈指の強豪チーム・ブレーブスの本拠地
トゥルーイスト・パークに登場した大谷

ne Run King

7号 (4.30) 6号 (4.26) 5号 (4.23) 4号 (4.18) 3号 (4.9) 2号 (4.3) 1号 (4.2)

14号 (5.31) 13号 (5.30) 12号 (5.24) 11号 (5.20) 10号 (5.18) 9号 (5.15) 8号 (5.10)

21号 (6.14) 20号 (6.12) 19号 (6.12) 18号 (6.10) 17号 (6.9) 16号 (6.6) 15号 (5.31)

28号 (6.27) 27号 (6.27) 26号 (6.26) 25号 (6.23) 24号 (6.18) 23号 (6.17) 22号 (6.15)

35号 (7.17) 34号 (7.16) 33号 (7.15) 32号 (7.8) 31号 (7.2) 30号 (6.30) 29号 (6.29)

42号 (8.16) 41号 (8.13) 40号 (8.3) 39号 (7.28) 38号 (7.27) 37号 (7.27) 36号 (7.23)

44号 (8.23) 43号 (8.18)

Road to Ho

大谷翔平

出場135試合全成績

・日付はすべて現地時間。
・打撃結果の丸数字は打点。「ゴ」はゴロ、「直」はライナー、「飛」はフライ、「邪飛」はファウルフライの略。DHは指名打者。
・投手成績の「安」は被安打、「振」は奪三振、「失」は失点、「責」は自責点の略。

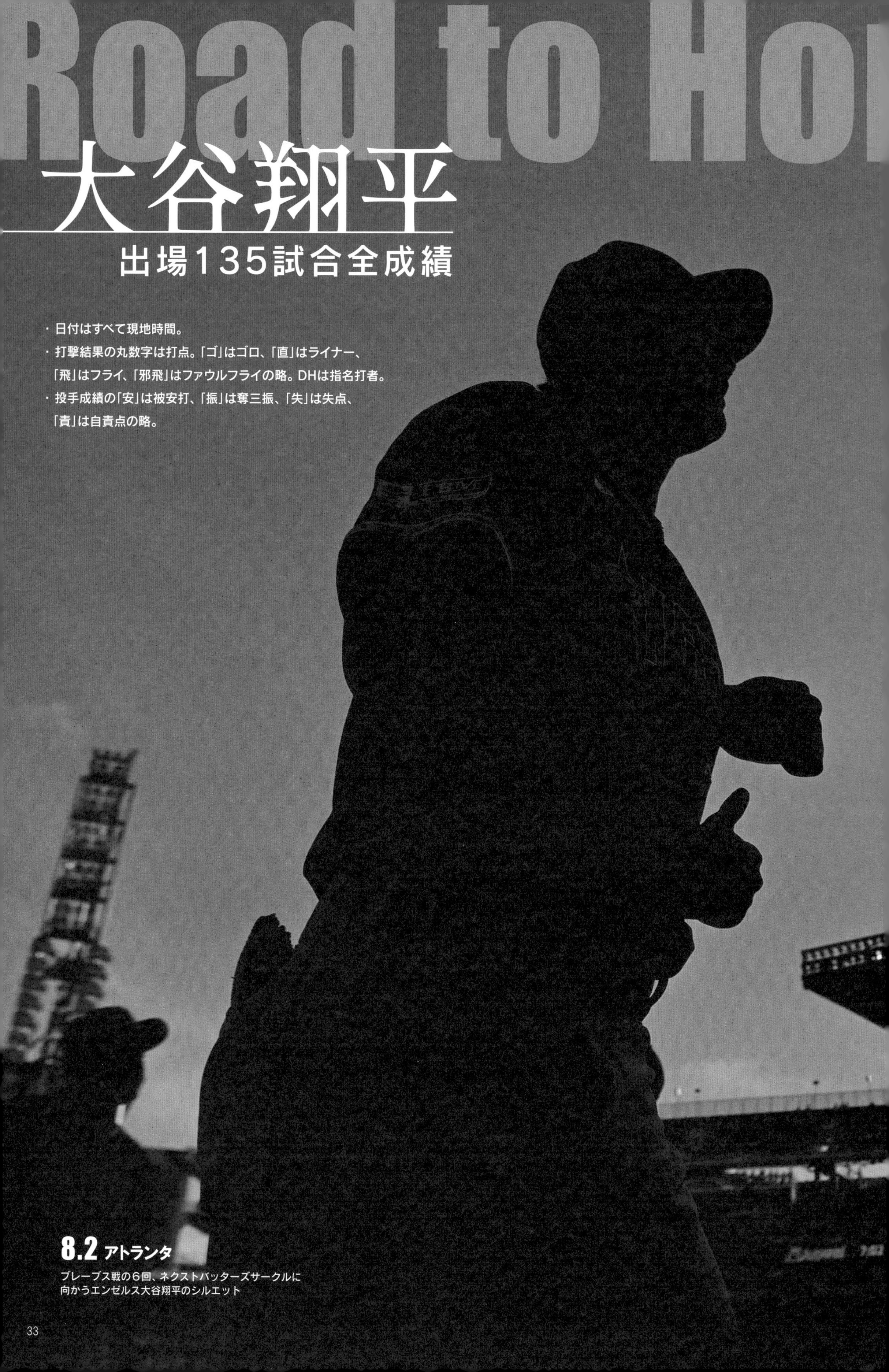

8.2 アトランタ

ブレーブス戦の6回、ネクストバッターズサークルに向かうエンゼルス大谷翔平のシルエット

3.30 オークランド
アスレチックスとの開幕戦に「3番・投手兼指名打者」で先発した大谷翔平。6回を2安打無失点、10奪三振の好投だった

3.30 オークランド
アスレチックス戦の４回、今季初安打となる右前打を放つ

3/30	vs アスレチックス オークランド	● 1-2
3番投手兼DH		
打	投	
3打数1安打 三振／右安／ 三振／敬遠四球	**勝敗つかず** 6回　93球　安2　振10 四死球3　失0　責0	

4/1	vs アスレチックス オークランド	● 13-1
3番DH		
5打数2安打2打点 1ゴ／左安①／三振／右安①／ニゴ		

4/2	vs アスレチックス オークランド	● 6-0
3番DH		
4打数1安打1打点 中飛／三振／右中間HR①＝1号／三振		

通算打撃成績
〔4/2 時点〕

打　率	.333
打　点	3
本塁打	1

2年連続開幕投手
堂々10K

3.30

2年連続で開幕マウンドに立ったエンゼルス・大谷翔平（花巻東高）の白星はするりと逃げた。得点圏に走者を背負ったのは四回のみ。6回を2安打無失点。毎回の10奪三振の快投だったが、八回に救援陣が逆転を許した。

0―0の四回1死二、三塁。このピンチに一気にギアを上げた。変化球主体から直球勝負に。5番を直球で追い込み、沈むボールで空振り三振。6番は「スライダー、スプリットでもよかったが一番、可能性の高いボールを自分で選択して投げた」。この日最速の100・7マイル（約162キロ）を外角に決めた。空振り三振に仕留め、右手でガッツポーズしてほえた。

敵地ながら大歓声を受けた開幕戦。試合開始の午後7時過ぎの気温は11度と手がかじかむ寒さ。手に息を吹きかけて温めながらの投球だった。

初回。先頭を歩かせたが「スイーパー」と呼ばれる大きく横に曲がるスライダーを武器にリズムを立て直した。腕に装着した機器で自らサインを出し、投球間に時間制限を設ける「ピッチクロック」対策も無難にこなした。

「開幕投手は特別だが、WBCのクローザーの方が緊張していたので、ああいうシチュエーションをスプリングトレーニングの期間にできたのは、僕的にはプラス」。優勝したWBCで、また一回り大きくなった。

「ワールドシリーズのトロフィーを掲げたい」。目指すべき頂は、はっきりしている。メジャー6年目の新たな戦いが始まった。

（斎藤孟）

4.1 オークランド
3回、アスレチックスの先発藤浪から左翼フェンス直撃の適時打

藤浪からフェンス直撃打 4.1

大谷翔平がアスレチックスの藤浪晋太郎のデビュー戦で、貫禄を示した。

2点リードで迎えた三回無死満塁の第2打席。初球は99・1マイル（約160キロ）の外角直球を空振りしたが、2球目はしっかりタイミングを合わせた。同じく99・1マイルの外角球を力みのないスイングでミート。「抜けてほしい」と願った打球はぐんぐんと伸びて、約101メートルの左翼ポール際フェンスを直撃した。

2球連続の速球を見逃す大谷ではない。ノーステップで、ぎりぎりまで引きつけて一撃。並の打者ならファウルになる打球が、あわや満塁本塁打。底知れぬパワーを見せつけた。当たりが良すぎて、三走しか生還できなかったが、ルーキーに与えたダメージは大きかった。

三者凡退の一、二回から一転、この回に一挙11点。大谷は「（藤浪は）立ち上がり、素晴らしかった。三振も取られていたので、いいタイミングでビッグイニングをつくれたのは、うちにとっては良かった」。高校時代は大きな壁だった藤浪。11年後、今度はメジャー先輩の大谷が立ちはだかった。（斎藤孟）

今季1号は136メートル弾 4.2

メジャー6年目の1号は、トラウトとの共演で生まれた。背番号27の2ランのざわめきが収まらない間に、大谷翔平が豪快なアーチを描いた。

5―0となった五回の初球。内角低めへの変化球をすくい上げると打球は一気に中堅右へ。バックスクリーンの壁に当たる飛距離約136メートルの特大アーチ。2、3番の連続弾で勝利を決定づけた。

四回に女房役のオハピーにメジャー初本塁打となる3ランが飛び出し、五回にはトラウトが1号。この流れに背番号17も乗った。

三回2死一、三塁の先制機ではボール気味の球を強振し、空振り三振に倒れていたが、ここでは左腕の変化球を開かずにためてスイング。左打者には打ちにくい、膝元をうまく処理してセンター方向へ。ネビン監督も「よく飛んだね」と絶賛する飛距離だった。

開幕投手を務め、藤浪晋太郎との同級生対決を制した後は、今季第1号。3試合とも主役の座を譲らなかったが、本人は淡々とダイヤモンドを回り、祝福を受けた。計り知れない今季の活躍を予感させるオークランドでの開幕3連戦となった。（斎藤孟）

4.2 オークランド

アスレチックス戦の５回に飛び出した大谷翔平の今季１号。バックスクリーンの壁に当たる特大アーチだった

4/3 vs マリナーズ
シアトル ●7-3
3番DH
5打数1安打2打点
ニゴ／遊ゴ併殺打／**中越えHR②＝2号**／三邪飛／三振

4/4 vs マリナーズ
シアトル ●2-11
3番DH
2打数無安打
ニゴ／三ゴ／四球

4/5 vs マリナーズ
シアトル ●4-3
3番投手兼DH

打	投
2打数1安打 1打点 四球／左飛／四球／左安①	**1勝** (0敗、防御率0.75) 6回　111球　安3　振8 四死球6　失1　責1

4/7 vs ブルージェイズ
アナハイム ●3-4
3番DH
4打数2安打
三振／三振／右安／右翼線二塁打

4/8 vs ブルージェイズ
アナハイム ●9-5
3番DH
3打数1安打
三振／右翼線二塁打／四球／三振

4/9 vs ブルージェイズ
アナハイム ●11-12
(延長10回)
3番DH
5打数2安打2打点
一ゴ／**左中間HR②＝3号**／中安／ニゴ／四球／ニゴ

通算打撃成績
〔4/9 時点〕

打　率	.333
打　点	8
本塁打	3

2試合連続勝ち越しの特大2号 4.3

寒さを吹き飛ばし、3連勝を引き寄せる一発だった。大谷翔平が2試合連続となる中堅右へ131メートルの特大アーチを放った。

2－2の五回無死一塁。乾いた音を残し、打球はシアトルの夜空に一直線。手応え十分の「確信歩き」も飛び出した。

試合開始時の気温は7度。手に息を吹きかけながら打席に立った。第1、2打席は手を焼いたチェンジアップ。3打席目には軌道はしっかり頭にあった。前の打席と同じく、速球をファウルした後の若手右腕の決め球を完璧に捉えた。

多投された変化球を運んだ一打にネビン監督は「賢い打者だね。いいスイングで、ビッグホームランだった」と対応力をたたえた。

試合前にはマリナーズのイチローさんにあいさつ。ワールド・ベースボール・クラシック（WBC）優勝を喜び合ったのだろうか。レジェンドが多くの伝説を残した球場、Tモバイル・パークでビッグアーチを描いた。

それでも、走者を置いた全5打席中、五回以外は凡退。まだまだと言わんばかりに、試合後にコメントすることはなかった。これで満足する背番号17ではない。すぐに、次戦へ切り替えていたように見えた。

（斎藤孟）

4.3 シアトル
マリナーズ戦の5回、2試合連続となる2号2ランを放ち、喜ぶ大谷翔平

4.5 シアトル
マリナーズ戦に「3番・投手兼指名打者」で先発し、6回3安打1失点で今季初勝利を挙げた

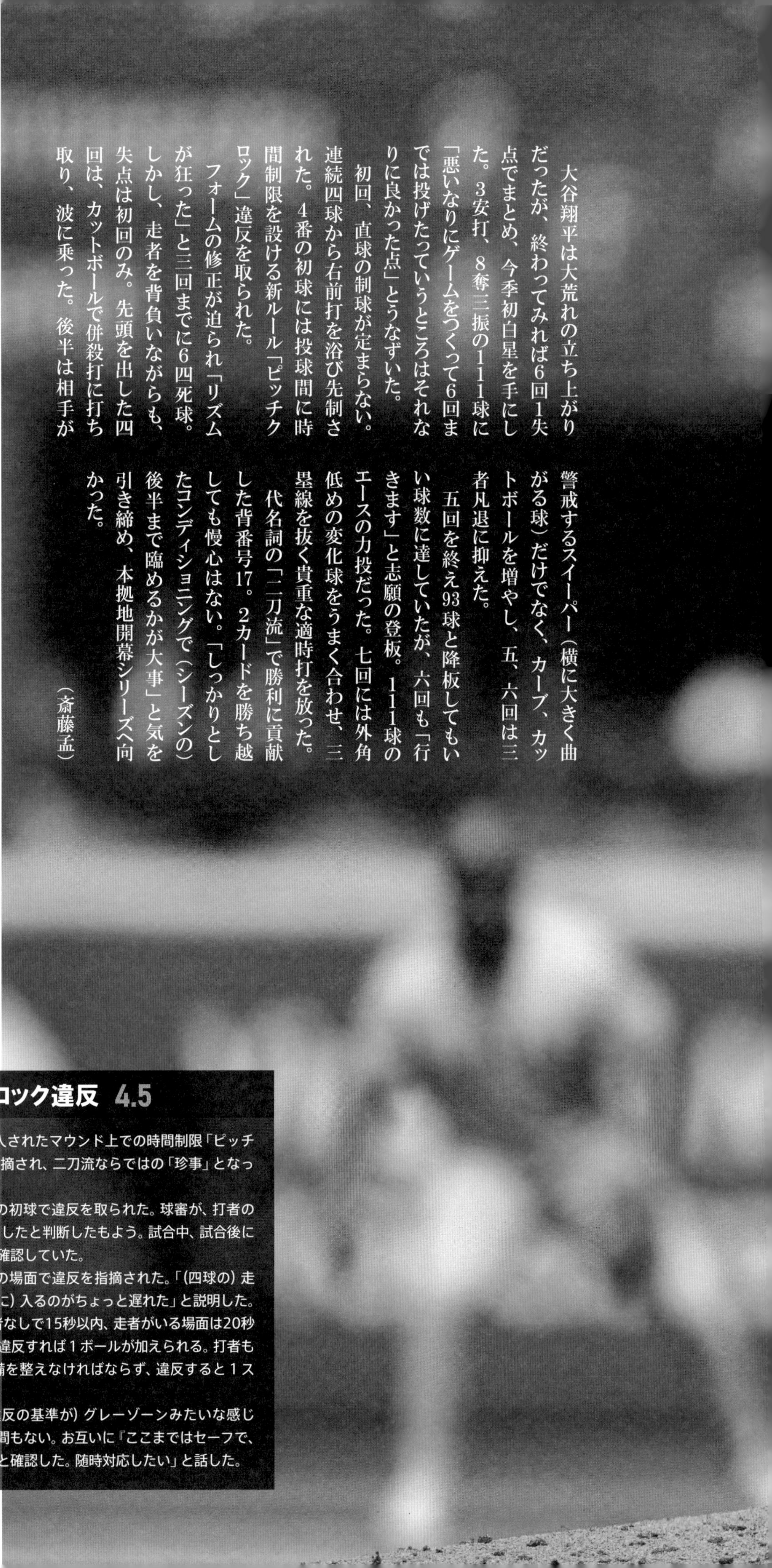

志願111球　耐えて初勝利

4.5

大谷翔平は大荒れの立ち上がりだったが、終わってみれば6回1失点でまとめ、今季初白星を手にした。3安打、8奪三振の１１１球に「悪いなりにゲームをつくって6回までは投げたっていうところはそれなりに良かった点」とうなずいた。

初回、直球の制球が定まらない。連続四球から右前打を浴び先制された。4番の初球には投球間に時間制限を設ける新ルール「ピッチクロック」違反を取られた。

フォームの修正が迫られ「リズムが狂った」と三回までに6四死球。しかし、走者を背負いながらも、失点は初回のみ。先頭を出した四回は、カットボールで併殺打に打ち取り、波に乗った。後半は相手が警戒するスイーパー（横に大きく曲がる球）だけでなく、カーブ、カットボールを増やし、五、六回は三者凡退に抑えた。

五回を終え93球と降板してもいい球数に達していたが、六回も「行きます」と志願の登板。１１１球のエースの力投だった。七回には外角低めの変化球をうまく合わせ、三塁線を抜く貴重な適時打を放った。

代名詞の「二刀流」で勝利に貢献した背番号17。2カードを勝ち越しても慢心はない。「しっかりとしたコンディショニングで（シーズンの）後半まで臨めるかが大事」と気を引き締め、本拠地開幕シリーズへ向かった。

（斎藤孟）

投打でピッチクロック違反　4.5

大谷翔平は今季から導入されたマウンド上での時間制限「ピッチクロック」違反を投打で指摘され、二刀流ならではの「珍事」となった。

投手大谷は初回の４番の初球で違反を取られた。球審が、打者の準備が整う前に投げようとしたと判断したもよう。試合中、試合後にも球審と話し合い、基準を確認していた。

打者では六回無死一塁の場面で違反を指摘された。「（四球の）走者を待っていたので（打席に）入るのがちょっと遅れた」と説明した。

新ルールでは投手は走者なしで15秒以内、走者がいる場面は20秒以内に投げる必要があり、違反すれば１ボールが加えられる。打者も残り８秒までに打撃の準備を整えなければならず、違反すると１ストライクとなる。

大谷は「審判の方も（違反の基準が）グレーゾーンみたいな感じだった。ルールが始まって間もない。お互いに『ここまではセーフで、ここまではアウトだよね』と確認した。随時対応したい」と話した。

内角スライダー完璧に捉える

4.9 アナハイム
ブルージェイズ戦の3回、菊池雄星（右）から左中間へ3号2ラン

大谷翔平が「花巻東高対決」で進化を示した。内角球を芸術的なスイングで捉えると、弾丸ライナーが左中間フェンスを越えた。

「世界を代表するバッター。毎回、楽しみにしている」とブルージェイズ菊池雄星。対する大谷は2021年6月5日にソロ本塁打を放って以降、菊池の前に9打席連続無安打。注目の第1打席は菊池が一ゴロに抑えた。

2度目の対戦は三回1死一塁。2球目にファウルにした同じコースのスライダーを、4球目は完璧に捉えた。青空に快音を残し、一塁を回ったところで、人さし指を掲げて、納得の表情を浮かべた。菊池からの本塁打は通算3本目。ベンチでは、日本製の「かぶと」を頭にのせる「サムライ大谷」を初披露し、満面の笑みを浮かべた。

「もう少し外に投げきらなければいけなかった。失投ですし、そこを見逃さないで、しっかりホームランにするレベルの高さを感じた」と先輩菊池が舌を巻く一打だった。

五回は、フルカウントからボール気味のスライダーを今度は豪快に中前にはじき返した。この日の対決は3打数2安打の大谷に軍配が上がった。

しかし試合は花巻東対決の後に大きく動いた。6点リードを逆転されたエンゼルスが九回裏に3点差を追い付いた。延長十回無死二塁からのタイブレークでは、1点差に迫り、なおも2死満塁。割れんばかりの大歓声を受けて6打席目に立った背番号17。しかし、二ゴロに倒れ、歓声がため息に変わった。3時間31分の激闘を落とし、最後は悔しさが残った。

（斎藤孟）

直接対決8度　3本塁打6三振

8試合　20打数6安打4打点　3本塁打　1四球　6三振

菊池雄星とのメジャー対戦成績（打席結果の丸数字は打点）

2019	6・8	3番DH	二内野安／一ゴ／左中間HR①
	7・14	3番DH	四球／空振り三振
	7・21	3番DH	見逃し三振／二ゴ／左中間二塁打
2021	6・5	2番DH	中越えHR①／空振り三振
	7・17	2番DH	遊飛／見逃し三振／空振り三振
2022	5・28	2番DH	遊ゴ／空振り三振／中飛
	8・26	3番DH	一ゴ／二ゴ
2023	4・9	3番DH	一ゴ／左中間HR②／中安

「花巻東対決」弾丸3号 4.9

さえるスイーパー　悠々2勝目　4.11

これぞ、エースの投球だ。エンゼルスの大谷翔平は7回1安打、無失点の好投でチームの連敗を2で止めた。

もはや魔球と言ってもいいスイーパー（横に大きく曲がるスライダー）で相手打線を手玉に取った。三者凡退の三回の決め球は3人ともこの球だった。唯一の安打となる右二塁打を許した四回。2死二、三塁となった場面もこの日最速の99マイル（約159キロ）の直球で追い込み、最後はスイーパーで遊ゴロに仕留めた。七回1死一塁でもこの球で併殺を完成させた。

球速や変化が異なる数種類のスイーパーがあるといい「おそらく、こういうスイーパーが打てないというものを一応持っている。ここではもちろん言わないが、そうだろうなというところにアプローチしながら投げている」と笑みを浮かべながら、明かした。

スイーパーの割合は5割を突破。ここぞで三振も、内野ゴロも奪える。打者大谷の視点でも「あんまり見たことない」と、狙われても簡単には捉えられない軌道を描く。

昨年8月から先発した試合を2失点以下に抑え、1972、73年のノーラン・ライアンを超える10試合連続球団記録も樹立。最大の武器を軸に今季3試合で1失点、2勝と好投を続ける。

それでも「三者凡退が少ないので、攻撃につながるリズムがあまりつくれていない」。メジャー通算30勝目も、もちろん通過点。6四死球を課題としたのが、いかにも高みを目指す、背番号17らしかった。

（斎藤孟）

4/10　vsナショナルズ　アナハイム（交流戦）　●4-6

3番DH

3打数無安打
三振／ニゴ／四球／三振

4/11　vsナショナルズ　アナハイム（交流戦）　○2-0

3番投手兼DH

打	投
4打数1安打 左飛／左安／三振／三振	**2勝** （0敗、防御率0.47） 7回　92球　安1　振6 四死球6　失0　責0

4/12　vsナショナルズ　アナハイム（交流戦）　○3-2

大谷は休養

4/14　vsレッドソックス　ボストン　●3-5

3番DH

4打数1安打
四球／三振／左安／投ゴ／三振

4/15　vsレッドソックス　ボストン　●7-9

3番DH

4打数2安打1打点
三ゴ／妨害出塁／左安／中安①／一ゴ

連続試合出塁36でストップ

4/16　vsレッドソックス　ボストン　●1-2

3番DH

4打数無安打
遊ゴ／右飛／ニゴ／左飛

通算打撃成績
〔4/16時点〕

打　率	.288
打　点	9
本塁打	3

まさに魔球の曲がり方

大谷翔平の決め球「sweeper」（スイーパー）の直訳は掃除人や掃除機。野球用語では聞き慣れない単語が、今季は多く登場している。

MLB公式サイトは、スライダーよりも曲がり幅が大きく「フライングディスクのような水平方向の動きをする球」と説明している。

3月のワールド・ベースボール・クラシック（WBC）決勝で、大谷は米国代表のトラウトをこの球で仕留めた。約140キロの球速で、ホームベースの幅とほぼ同じ43センチも曲がったという。

大谷は「小さいスライダーや大きいスライダー。ずっと日本でも投げていたし、誰に教わったとかはない」という。　（斎藤孟）

4.21

キレキレ　7回11K

4.21アナハイム

ロイヤルズ戦に「２番・投手兼指名打者」で先発し、７回無失点11奪三振の好投で３勝目。試合後「体の状態が良かったのが一番。いい登板だったと思う」と話した

4/22 vsロイヤルズ
アナハイム ●8-11
3番DH

5打数無安打
左飛／ニゴ／中飛／遊飛／投ゴ

4/23 vsロイヤルズ
アナハイム ●4-3
3番DH

3打数2安打2打点
左犠飛①／三振／右中間HR①＝5号／一塁内野安

大谷5号、エ軍3者連続アーチ　4.23

4.23アナハイム

ロイヤルズに勝利し、トラウト(左)とタッチを交わす。６回にウォード、トラウトに続く３者連続の５号ソロを放ち、勝利に導いた

通算打撃成績
〔4/23 時点〕

打　率	.266
打　点	13
本塁打	5

エ軍6点差逆転も●

4/24 vs アスレチックス アナハイム ●10-11（延長10回）

3番DH

4打数1安打
妨害出塁／遊ゴ／右翼線二塁打／三振／中飛

2年ぶり1試合複数盗塁

4/25 vs アスレチックス アナハイム ●5-3

3番DH

4打数無安打2盗塁
左飛／三振／遊ゴ／三振

4/26 vs アスレチックス アナハイム ●11-3

3番DH

5打数2安打3打点
三ゴ／一ゴ①／三振／左安／**中越えHR②＝6号**

4勝目、打ではサイクルあと一歩

4/27 vs アスレチックス アナハイム ●8-7

3番投手兼DH

打	投
5打数3安打1打点 二塁内野安／右中間二塁打①／遊ゴ／右越え三塁打／中飛	**4勝**(0敗、防御率1.85) 6回　93球　安3 振8　四死球5　失5 責5

4.27 アナハイム
4回に4四死球と2本塁打で5点を失ったが、4勝目をマーク。打者としても今季初の3安打

滞空7秒　高々7号 4.30

4.30 ミルウォーキー
ブルワーズ戦の3回、中越えに7号ソロ。
バックスクリーンの壁に届くまで約7秒も要した

不調一掃6号2ラン

4.26 アナハイム　アスレチックス戦の8回、3試合ぶりの6号2ラン

二盗三盗走る大谷

4.29

4.29 ミルウォーキー
ブルワーズ戦の8回、二盗（写真上）と三盗（写真下）を立て続けに決める

4/28 vs ブルワーズ　ミルウォーキー　●1-2
3番DH
4打数1安打
一ゴ／二ゴ／左飛／中安

4/29 vs ブルワーズ　ミルウォーキー　●5-7
3番DH
5打数3安打2盗塁
1ゴ併殺打／右安／二ゴ／右安／右安

4/30 vs ブルワーズ　ミルウォーキー　●3-0
3番DH
3打数1安打1打点
三振／中越えHR①＝7号／四球／二ゴ

通算打撃成績
〔4/30 時点〕

打率	.294
打点	18
本塁打	7

ルース以来の500奪三振100アーチ

ヌートバー斬り 自己最多タイ 13K

5.3

5.3 セントルイス
カージナルス戦でヌートバーを空振り三振に仕留める大谷。この日は自己最多に並ぶ13三振を奪ったものの2本塁打を浴びて4失点。5勝目はならなかった

登板に備え「連休」

5/2	vs カージナルス セントルイス（交流戦）	●5-1
大谷は休養		

5/3	vs カージナルス セントルイス（交流戦）	●6-4
3番投手兼DH		

打	投
5打数3安打 1打点 右安／右安①／遊飛／ニゴ／中越え二塁打	**勝敗つかず** （4勝0敗、防御率2.54） 5回　97球　安5 振13　四死球2　失4 責4

2本塁打を浴び5回4失点で5勝目はならず。それでも自己最多タイとなる13奪三振を奪い、メジャー通算500奪三振をマーク。打者でも100本塁打以上を記録しているのはベーブ・ルース以来2人目の快挙。この日はWBCでチームメートだった1番ヌートバーから3三振。五回は空振り三振に切って取った。

猛攻呼ぶ7戦連続安打

5/4	vs カージナルス セントルイス（交流戦）	●11-7
2番DH		
3打数1安打 四球／右安／四球／三飛／三振		

エ軍サヨナラで5連勝

5/5	vs レンジャーズ アナハイム	●5-4 （延長10回）
3番DH		
5打数無安打 ニゴ／一ゴ／三邪飛／ニゴ／ニゴ		

5.5 アナハイム
レンジャーズにサヨナラ勝ちし、レンドンとタッチを交わす。延長10回にニゴロで走者を三塁に進め、サヨナラを呼び込んだ

5/6 vs レンジャーズ
アナハイム ●1-10
3番DH
4打数無安打
左飛／ニゴ／中飛／一ゴ

首位攻防戦は負け越し

5/7 vs レンジャーズ
アナハイム ●8-16
3番DH
3打数2安打1打点
一内野安／四球／中安①／四球／遊直

5.7 アナハイム
レンジャーズ戦の1回、ヘルメットを飛ばして一塁内野安打を放つ

通算打撃成績
〔5/7 時点〕

打　率	.295
打　点	20
本塁打	7

5.3 セントルイス
試合前、カージナルスのヌートバー（左）と談笑する

スライダー被弾 今季初黒星 5.9

連続適時二塁打で勝利呼ぶ

5/8 vsアストロズ アナハイム ● **6-4**

3番DH

4打数2安打2打点
左飛／右中間二塁打①／右中間二塁打①／左飛

5.8 アナハイム
アストロズ戦の3回、適時二塁打を放つ

5/9 vsアストロズ アナハイム ● **1-3**

3番投手兼DH

打	投
3打数無安打 二ゴ／中飛／妨害出塁／三振	**1敗**（4勝、防御率2.74） 7回 103球 安6 振7 四死球2 失3 責3

前年ワールドチャンピオンのアストロズ相手に7回3失点。今季初黒星を喫した。1－0で迎えた五回1死二塁、9番打者にスライダーを左翼席に運ばれた。本塁打を許したのはこれで3試合連続で、いずれもスライダーを痛打された。

5/10 vsアストロズ アナハイム ● **4-5**

3番DH

4打数1安打2打点
三振／中飛／三振／右越えHR②＝8号

5/12 vsガーディアンズ クリーブランド ● **5-4**

3番DH

2打数無安打
四球／三振／妨害出塁／四球／三振

5/13 vsガーディアンズ クリーブランド ● **6-8**

3番DH

4打数1安打1打点
三振／左翼線二塁打①／四球／三振／二ゴ

5/14 vsガーディアンズ クリーブランド ● **3-4**

2番DH

4打数1安打1打点1盗塁
二ゴ／三振／三振／中安①

打でお返し 技あり8号

5.10

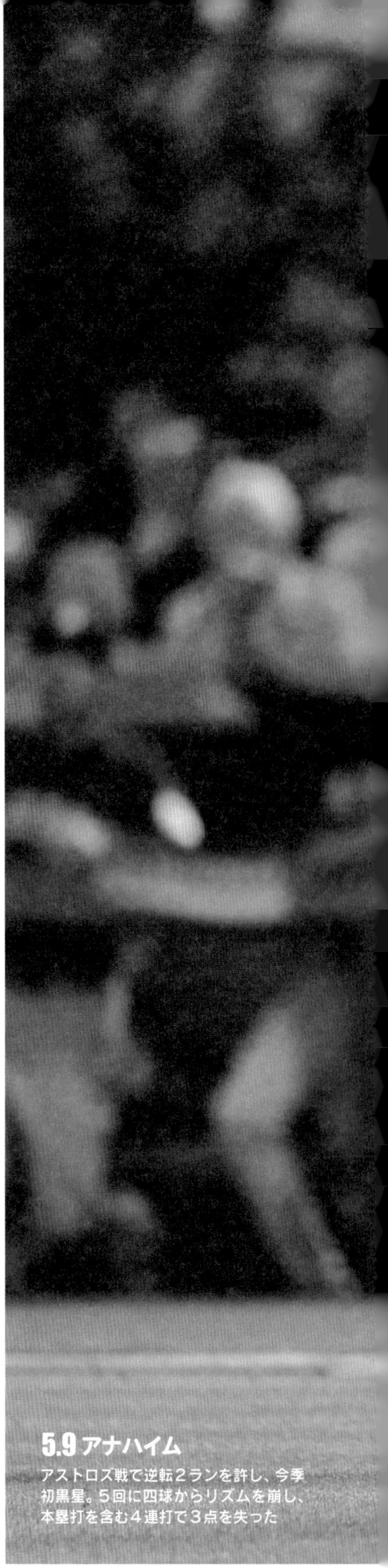

5.9 アナハイム

アストロズ戦で逆転2ランを許し、今季初黒星。5回に四球からリズムを崩し、本塁打を含む4連打で3点を失った

5.10 アナハイム

アストロズ戦の9回、WBC米国代表でも守護神だったプレスリーから8号2ラン。低めの変化球を体勢を崩しながら右越えに運んだ

通算打撃成績
〔5/14 時点〕

打率	.287
打点	26
本塁打	8

特大勝ち越し9号　5.15

5/15　vsオリオールズ
ボルティモア　●9-5

3番投手兼DH

打	投
5打数4安打3打点	**5勝**
四球／右安／	（1敗、防御率3.23）
右越えHR③＝9号／	7回　98球　安4
右中間三塁打／	振5　四死球2
ニゴ／左安	失5　責5

今季9度目の投打同時出場。7回5失点ながら5勝目を挙げ、4回に勝ち越し9号3ラン。勝利と本塁打を同じ試合で記録するのは、104年ぶりの「2桁勝利、2桁本塁打」を成し遂げた2022年8月9日のアスレチックス戦以来。先発投手として5度出塁（4安打、1四球）するのは59年ぶりの記録となった。

5/16　vsオリオールズ
ボルティモア　●3-7

3番DH

4打数無安打
中飛／三振／左飛／ニゴ

5/17　vsオリオールズ
ボルティモア　●1-3

3番DH

4打数無安打
左飛／左飛／中飛／三振

5/18　vsオリオールズ
ボルティモア　●6-5

3番DH

5打数2安打2打点
右越えHR①＝10号／左飛／三飛／中飛／一内野安①

5.15 ボルティモア
オリオールズ戦の４回に勝ち越しの９号３ラン。投手でも７回５失点で５勝目を挙げた（USAトゥデー・ロイター＝共同通信）

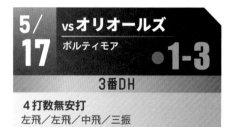

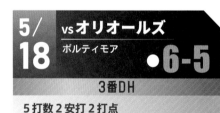

自ら援護弾 5勝目つかむ 5.15

5.15 ボルティモア
オリオールズ戦の7回、相手打者を打ち取りガッツポーズする大谷

先発投手の「サイクル」あと一歩

大谷翔平は、メジャー初の先発投手によるサイクル安打まであと一歩に迫った。今季初の4安打を放ち、投げては3被弾ながら7回4安打、5失点で5勝目を挙げた。

自らの一振りで勝利を引き寄せた。4―4で迎えた4回1死一、二塁。大谷は初球のカーブを力強く振った。打った瞬間に確信したのだろう。打球の行方を見ながらバットを放し、雄たけびを上げた。打球は140メートル近く飛び右翼席後方の柵に当たり、あわや場外本塁打かという一撃だった。

「たまたまいいコースに来た。そこまで思い切り振ったつもりはないが、打球速度も出ていたので、いい動きだったのでは」と大谷。三回に右前打、五回に三塁打を放ち、九回の最後の打席は左前打で「（サイクル安打に）トライしたがダメだった」と少し悔しさもにじませた。

打者としては上出来だったが、投手としては反省が口をついた。

「序盤にいい流れをつくれなかったのが一番（悔しい）かなと思う」

初回を三者凡退に抑えて上々の滑り出しを見せたが、二回に7番フレージャー、三回は3番サンタンダーに本塁打を許した。それぞれ打たれたのはスイーパーで「気づいた点はいくつかある。修正すれば十分に戦えると思う」と前を向く。

4点のリードをもらった後は、五回にソロ本塁打を許した以外は、カットボール中心の配球でオリオールズ打線を抑えた。前日に首を痛め、マウンドで何度も首をひねる場面もあったが、不調の言い訳にはせず、「何事も経験。試合で自分で打って、いい点差にできたのはよかった。ピッチングも勉強になることがたくさんあって、まだまだ良くなれると思えば、プラスかなと思う」とまとめた。（及川彩子）

右手一本　先制10号　5.18

5/19 vsツインズ
アナハイム ○5-4
3番DH
3打数無安打
三振／三振／左飛／四球

5/20 vsツインズ
アナハイム ●2-6
3番DH
4打数1安打1打点
三振／遊ゴ／右中間HR①＝11号／三振

6回1失点、勝敗つかず

5/21 vsツインズ
アナハイム ○4-2
3番投手兼DH

打	投
3打数1安打 中安／一ゴ／ 敬遠四球／二ゴ	**勝敗つかず** （5勝1敗、防御率3.05） 6回　99球　安2　振9 四死球4　失1　責1

5.21 アナハイム
ツインズ戦に投手兼指名打者で先発。6勝目はならなかったものの6回2安打1失点と好投した

5.18
ボルティモア
オリオールズ戦の1回、3年連続5度目の10号本塁打となる先制ソロ。右手一本で右翼席に運んだ

通算打撃成績
〔5/21 時点〕

打率	.287
打点	32
本塁打	11

速球どんぴしゃり11号

5.20

5.20 アナハイム　ツインズ戦の６回、速球を完璧に捉えて右中間に11号ソロ。２－４と追い上げる

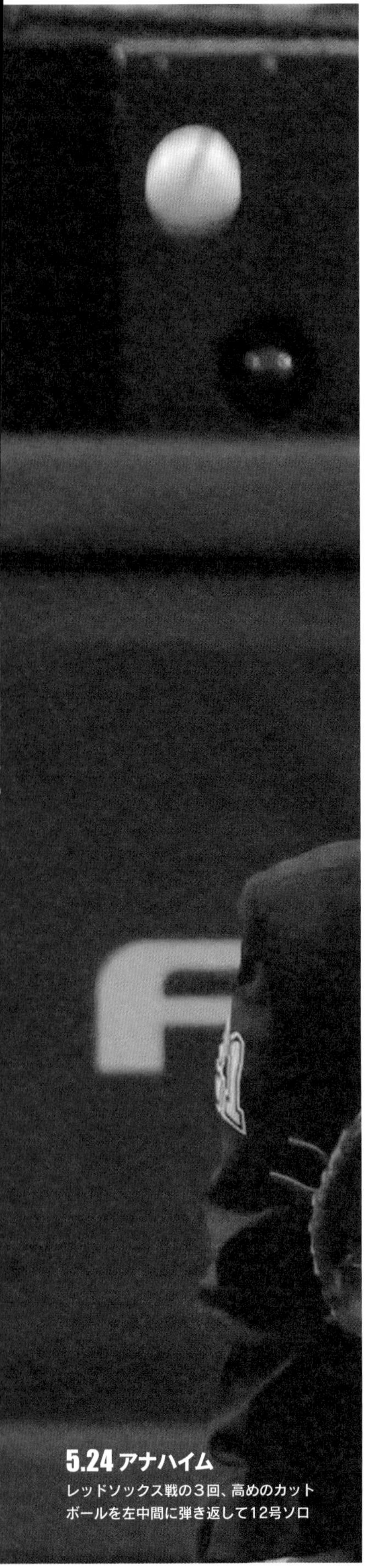

5.24 アナハイム
レッドソックス戦の3回、高めのカットボールを左中間に弾き返して12号ソロ

5/26 vs マーリンズ
アナハイム ●2-6
3番DH
4打数無安打
二ゴ併殺打／三振／三振／遊飛

10K2失点も6勝目ならず

5/27 vs マーリンズ
アナハイム ●5-8
（延長10回）
3番投手兼DH

打	投
4打数無安打 1盗塁 左飛／二ゴ／二ゴ併殺打／四球／三直	勝敗つかず （5勝1敗、防御率2.91） 6回 109球 安6 振10 四死球3 失2 責1

6回を投げて奪三振10、2失点にまとめたが6勝目はならなかった。初回は2年ぶりの失策となる一塁へ悪送球、五回は2死から四球を与えた直後にそれぞれ適時打を喫した。

5/28 vs マーリンズ
アナハイム ●0-2
3番DH
4打数1安打
三振／右安／三振／三振

5/22 vs レッドソックス
アナハイム ● 2-1
3番DH
3打数無安打
四球／三振／三振／右飛

5/23 vs レッドソックス
アナハイム ●4-0
3番DH
4打数1安打
一内野安／一ゴ／左飛／三振

5.23 アナハイム
試合前、レッドソックスの吉田（右から2人目）と笑顔であいさつを交わす

エ軍4連勝、貯金「5」に

5/24 vs レッドソックス
アナハイム ●7-3
3番DH
4打数1安打1打点
三振／左中間HR①＝12号／遊飛／遊ゴ

5.26 アナハイム
WBCのベストナイン選出を祝福するセレモニーで記念撮影に応じるエンゼルスの（左から）トラウト、大谷、サンドバル

悪球打ち　度肝抜く12号　5.24

通算打撃成績
〔5/28 時点〕

打　率	.269
打　点	33
本塁打	12

5試合ぶり13号

5.30

アーチ量産体制へ

不振に陥っていた大谷の打撃が復活した。5月30日のホワイトソックス戦で5試合ぶりの13号ソロ。翌31日のホワイトソックス戦では2打席連続アーチを放った。三回に内角球を中堅左に放り込む14号2ラン。続く四回は内角高めの直球を振り抜いて右翼席に突き刺した。飛距離は今季最長の約140㍍だった。

5.30 シカゴ　ホワイトソックス戦の４回、直球をとらえて中越えに13号ソロ

5/31 vsホワイトソックス
シカゴ　●12-5
3番DH
3打数2安打4打点
中飛／中越えHR②＝14号／右越えHR②＝15号／四球

5/30 vsホワイトソックス
シカゴ　●3-7
3番DH
4打数1安打1打点
中飛／中越えHR①＝13号／右飛／三振

5/29 vsホワイトソックス
シカゴ　●6-4
3番DH
4打数無安打
死球／三邪飛／三振／三振／遊ゴ

完全復調　2打席連発 5.31

5.31 シカゴ　ホワイトソックス戦で２打席連続本塁打。３回に14号２ラン（写真右）、４回には右翼席へ15号２ランを見舞い、敵地の度肝を抜いた

無双の6月15発
月間MVP

得意の６月で大谷翔平がすさまじい打撃を見せた。日本選手と球団の月間記録を塗り替える15本塁打をマーク。打率（３割９分４厘）と打点（29）でもア・リーグトップの数字を残し、野手部門で２年ぶり３度目の月間最優秀選手（MVP）を受賞。同じ日に大リーグ機構が発表した週間MVP（６月26日～７月２日）との同時受賞となった。

６月12日からの首位レンジャーズ４連戦では左方向へ４本塁打。ネビン監督が一番印象に残った本塁打として挙げ「本当の意味で怖い打者に進化した」と振り返った。17日にメジャー通算150号、23日に日米通算200号の節目を飾ると、27日には先発投手ながら２アーチを放ち、エンゼルスタジアムに「MVPコール」が巻き起こった。そして30日には日本選手初となる３年連続30号。150㍍の超特大アーチで６月を締めくくった。

6.30 アナハイム

ダイヤモンドバックス戦で日本選手初の３年連続30号を放つ大谷翔平。６月は計15本塁打を放ち、ア・リーグ野手部門で２年ぶり３度目の月間MVPを受賞した

6/1 **vs アストロズ**
ヒューストン ●2-5

3番DH

5打数1安打
右安／三振／捕邪飛／ニゴ／三振

アストロズに屈し2敗目

6/2 **vs アストロズ**
ヒューストン ●2-6

1番投手兼DH

打	投
4打数無安打 左飛／三振／ 三振／四球／ 左飛	**2敗**（5勝、防御率3.30） 6回　107球　安9 振6　四死球1　失5 責5

6.2 ヒューストン
アストロズ戦の6回、2ランを浴びる。自己ワーストに並ぶ被安打9で5失点し、2敗目を喫した

今季3度目「サイクル王手」

6/3 **vs アストロズ**
ヒューストン ●6-9

1番DH

5打数4安打2打点
中安／右中間三塁打①／ニゴ併殺打／左二塁打①／右安

8回に勝ち越し二塁打

6/4 **vs アストロズ**
ヒューストン ●2-1

1番DH

4打数1安打1打点
左飛／一ゴ／ニゴ／右二塁打①

今季2度目4安打

6.3

6.3 ヒューストン

アストロズ戦の３回、適時三塁打を放ち三塁を目指す大谷翔平。この日は今季２度目となる４安打。サイクル安打に「王手」をかけたのは今季３度目だった

通算打撃成績
〔6/4 時点〕

打率	.274
打点	41
本塁打	15

6/6 vsカブス
アナハイム（交流戦） ●7-4
2番DH
2打数1安打1打点
遊ゴ／右越えHR①＝16号／四球／四球

1イニング2盗塁

6/7 vsカブス
アナハイム（交流戦） ●6-2
2番DH
4打数1安打2盗塁
中越え二塁打／左飛／四球／三振／ニゴ

5回に四球で出塁すると、次打者トラウトの初球に二盗、4球目には三盗を決めた。

反撃の口火16号ソロ 6.6

6.6 アナハイム カブス戦の4回、0－4から反撃の口火となる16号ソロ。逆転勝ちにつなげた

6.8 アナハイム

カブスに３連勝し、チームメートを迎える大谷

6/8	vsカブス	アナハイム（交流戦）	○3-1
2番DH			
5打数1安打			
三振／中安／三飛／ニゴ／三振			

4試合続けて白星逃す

6/9	vsマリナーズ	アナハイム	○5-4
2番投手兼DH			
打		投	
4打数3安打2打点 三塁内野安／中越えHR②＝17号／左二塁打／一ゴ		勝敗つかず （5勝2敗、防御率3.32） 5回　97球　安3　振6 四死球6　失3　責3	

6/10	vsマリナーズ	アナハイム	●2-6
2番DH			
4打数1安打2打点			
中飛／右越えHR②＝18号／三振／三振			

6月3度目の「3安打以上」

6/11	vsマリナーズ	アナハイム	○9-4
2番DH			
5打数3安打			
ニゴ／右安／右安／三振／右安			

特大17号でエ軍5連勝 6.9

6.9 アナハイム

投手兼指名打者で先発したマリナーズ戦の３回、中越えに134㍍の特大17号2ラン。サイクル安打目前の３安打でチームの５連勝に貢献した

2戦連発　18号2ラン

6.10

6.10 アナハイム

マリナーズ戦の３回、２試合連続本塁打となる18号２ランを放ち、バットを放る

通算打撃成績
〔6/11 時点〕

打　率	.287
打　点	46
本塁打	18

7戦6発週間MVP 6.12-6.18

140メートル同点19号ソロ

6.12 アーリントン　レンジャーズ戦の７回、ア・リーグトップに並ぶ同点の19号ソロ

衝撃

延長12回勝ち越し20号

6.12 アーリントン

レンジャーズ戦の12回、勝ち越しの20号２ランを放ち雄たけびを上げる大谷。ア・リーグ本塁打王争いでジャッジ（ヤンキース）を抜いてトップに立った

"量産態勢" 21号2ラン

6.14

6.14 アーリントン

レンジャーズ戦の９回、21号２ランを放つ。２階スタンドに飛び込む138㍍の特大アーチだった

6/12 vs レンジャーズ
アーリントン ●9-6（延長12回）

2番DH

4打数2安打4打点
一ゴ／四球／左犠飛①／中越えHR①＝19号／三振／左越えHR②＝20号

大谷の２本塁打で地区首位との初戦を制した。４－５と１点を追う七回、内角の変化球を捉えて中堅左へ同点19号ソロ。５－５の延長十二回には左投手から左翼席へ勝ち越しの20号２ランを放った。

エ軍の貯金最多「7」

6/13 vs レンジャーズ
アーリントン ●7-3

2番DH

2打数2安打1盗塁
右翼線二塁打／四球／右安／敬遠四球／四球

6/14 vs レンジャーズ
アーリントン ●3-6

2番DH

4打数2安打2打点
四球／三振／左安／ニゴ／左中間HR②＝21号

6/15 vs レンジャーズ
アーリントン ●5-3

2番投手兼DH

打	投
2打数1安打 2打点 四球／ニゴ／四球／中越えHR②＝22号	**6勝** （2敗、防御率3.29） 6回　99球　安6 振3　四死球1 失2　責2

投手兼指名打者で先発し６回２失点で６勝目。５月15日以来の白星を挙げた。３－２で迎えた八回には中堅左へ貴重な22号２ラン。首位との４連戦を３勝１敗で乗り切った。

首位レンジャーズに3・5差

6/16 vs ロイヤルズ
カンザスシティー ●3-0

2番DH

3打数1安打
左翼線二塁打／四球／ニゴ／四球／三振

6.15 アーリントン レンジャーズ戦の８回、２試合連続の22号２ラン。両リーグ首位に並ぶ

二刀流
本領 6.15

両リーグ首位タイ22号
首位相手2失点6勝目

6.15 アーリントン レンジャーズ相手に６回２失点と好投、１カ月ぶりの６勝目を挙げる（スローシャッターで撮影）

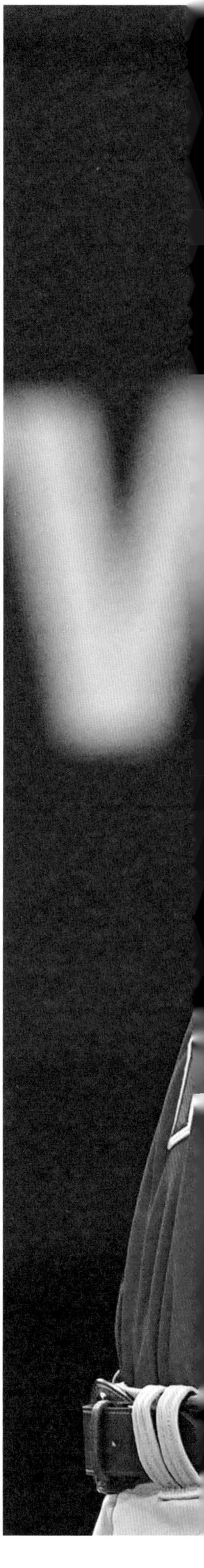

日本選手・球団最速
メジャー150号

6.17

６月17日のロイヤルズ戦で23号ソロを放ち、メジャー通算150号本塁打をマーク。637試合目の到達は、エンゼルスの同僚トラウトの701試合目を抜いて球団史上最速。日本選手としても最速で、メジャー８年目で到達した松井秀喜は988試合目だった。

6.17 カンザスシティー
ロイヤルズ戦の７回、メジャー通算150本塁打となる23号ソロを中堅に運ぶ

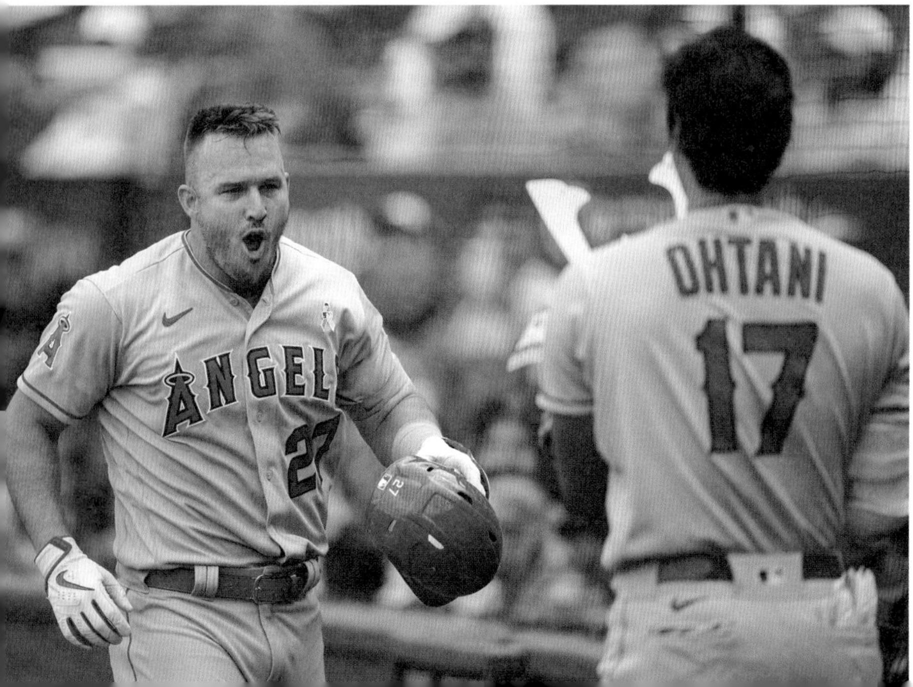

エ軍逆転サヨナラ負け

6/17 vsロイヤルズ
カンザスシティー
●9-10
2番DH
4打数1安打2打点
右飛／ニゴ／ニゴ／中越えHR①＝23号／四球

通算224勝右腕を攻略

6/18 vsロイヤルズ
カンザスシティー
●5-2
2番DH
4打数1安打2打点
ニゴ／三振／右中間HR②＝24号／三振

逆転24号　メジャー400打点

6.18

6.18 カンザスシティー
ロイヤルズ戦の５回、224勝右腕グリンキーから逆転の24号２ラン。打点も両リーグトップの58。メジャー通算400打点に到達した

6.18
カンザスシティー
ロイヤルズ戦の５回、自身に続いて本塁打を放ったトラウトにかぶとを差し出す大谷。今季６度目の「共演」でエ軍は西地区２位に浮上した(USA TODAY・ロイター＝共同通信)

通算打撃成績
〔6/18 時点〕

打　率	.300
打　点	58
本塁打	24

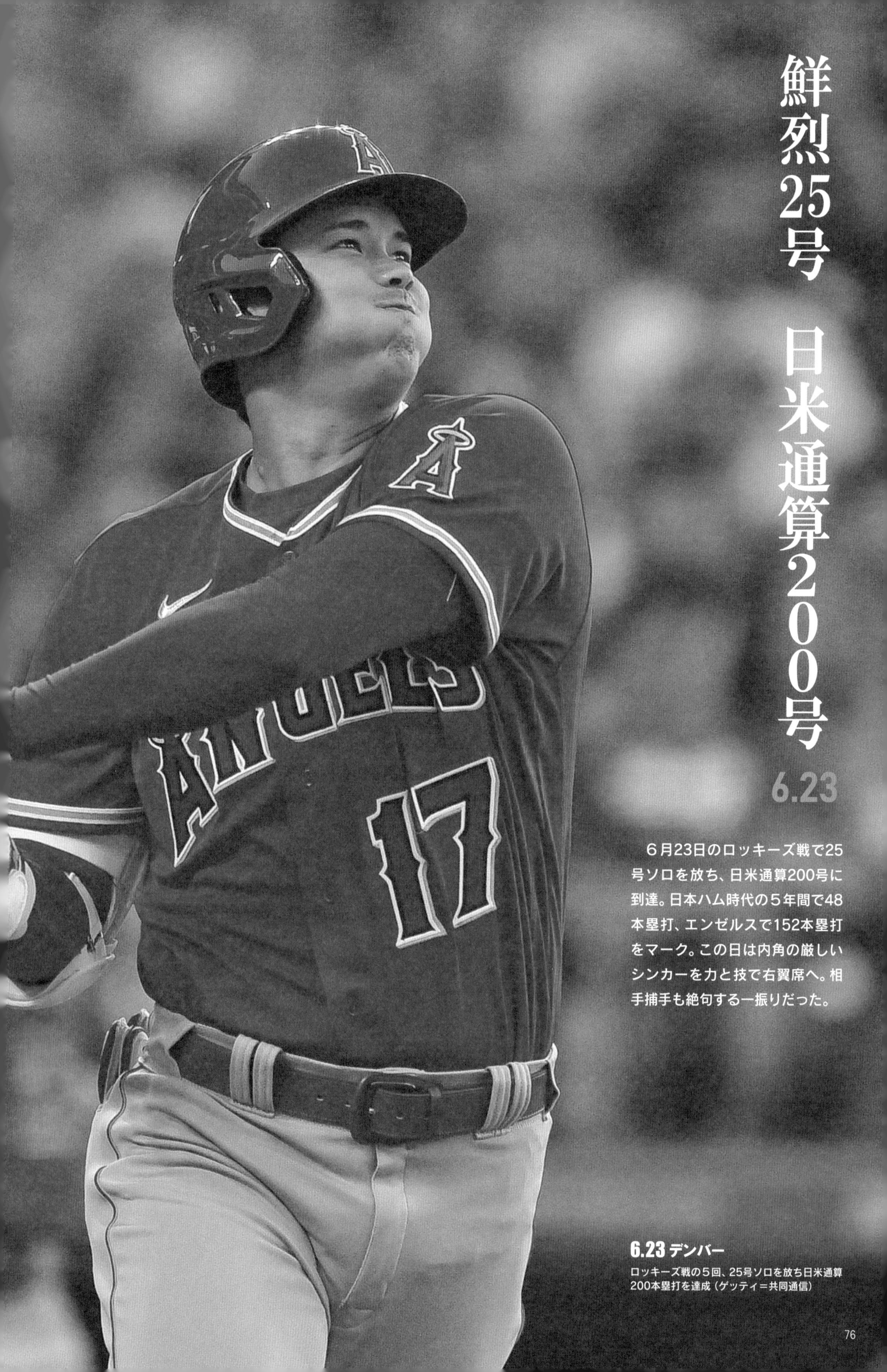

鮮烈25号　日米通算200号

6.23

６月23日のロッキーズ戦で25号ソロを放ち、日米通算200号に到達。日本ハム時代の５年間で48本塁打、エンゼルスで152本塁打をマーク。この日は内角の厳しいシンカーを力と技で右翼席へ。相手捕手も絶句する一振りだった。

6.23 デンバー

ロッキーズ戦の５回、25号ソロを放ち日米通算200本塁打を達成（ゲッティ＝共同通信）

連続試合安打「15」で止まる

6/20　vsドジャース
アナハイム　●0-2

2番DH

4打数無安打　左飛／三振／左飛／三振

6.20 アナハイム

ドジャース戦の１回、左飛に倒れる大谷。過去３度対戦し通算８打数無安打のベテラン左腕カーショーをこの日も攻略できず。連続試合安打も15で止まった

12奪三振、援護なく3敗目

6/21　vsドジャース
アナハイム　●0-2

2番投手兼DH

打	投
3打数無安打 四球／左飛／ 三飛／中飛	**3敗**（6勝、防御率3.13） 7回　101球　安5　振12 四死球2　失1　責1

6.21 アナハイム
ドジャース戦に２番・投手兼指名打者で先発。７回１失点ながら３敗目を喫した

6/22
DHで3年連続球宴選出
ア・リーグ最多
264万6307票

6/23　vsロッキーズ
デンバー
（交流戦）　●4-7

2番DH

5打数3安打1打点
右中間二塁打／中飛／右越えHR①＝25号／右安／三振

エ軍、球団新25得点

6/24　vsロッキーズ
デンバー
（交流戦）　●25-1

2番DH

7打数1安打1打点
左飛／三振／右安①／右飛／三振／ニゴ／遊ゴ併殺打

6月8度目のマルチ安打

6/25　vsロッキーズ
デンバー
（交流戦）　●3-4

2番DH

4打数2安打1打点
ニゴ／中安／左中間三塁打①／右飛

通算打撃成績
〔6/25時点〕

打率	.297
打点	61
本塁打	25

両リーグトップタイ60打点　6.24

6.24 デンバー
ロッキーズ戦の3回、右前に適時打を放ち、リーグトップタイの60打点目を挙げた

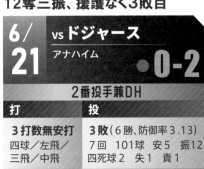

ライバル突き放す26号

6.26

再び7戦6発
週間MVP

6.26-7.2

6/26 vsホワイトソックス
アナハイム ●2-1

3番DH

3打数1安打1打点1盗塁
三振／右越えHR①＝26号／三振／四球

6.26 アナハイム
ホワイトソックス戦の９回、一走大谷と二走トラウト（手前）が重盗。サヨナラ勝ちにつなげる

6/27 vsホワイトソックス
アナハイム ●4-2

2番投手兼DH

打	投
3打数3安打2打点 右中間HR①＝27号／四球／右安／左中間HR①＝28号	**7勝** （3敗、防御率3.02） 6⅓ 102球 安4 振10 四死球2 失1 責1

2戦連続3安打　打率4位3割9厘

6/28 vsホワイトソックス
アナハイム ●5-11

2番DH

5打数3安打
右翼線三塁打／三振／三振／中安／二塁内野安

日本選手・球団最多の月間14発

6/29 vsホワイトソックス
アナハイム ●7-9

3番DH

3打数1安打2打点
三振／三振／敬遠四球／四球／左中間HR②＝29号

6/30 vsダイヤモンドバックス
アナハイム（交流戦） ●2-6

2番DH

2打数1安打1打点
四球／一ゴ／右越えHR①＝30号／四球

6.26 アナハイム
ホワイトソックス戦の４回、同点の26号ソロを放ってバットを放る大谷翔平。本塁打王争い２位のホワイトソックス・ロベルトが初回に22号ソロ。そのお返しとばかりに136㍍の特大アーチを右翼席に見舞った

6.27「二刀流デー」

6.27 **アナハイム**
ホワイトソックス戦の７回、右手一本で左中間へ28号ソロ。先発登板した試合で初めて２本塁打を放った

6.27 **アナハイム**
ホワイトソックス戦の１回、２試合連続となる先制の27号ソロを右中間に放つ

10奪三振2本塁打

6.27 アナハイム
ホワイトソックス戦の５回、打者を右直併殺に仕留め、ガッツポーズ。10奪三振で７勝目を挙げた

豪快29号 トラウト抜く 月間14アーチ

6.29

６月29日のホワイトソックス戦で九回２死一塁から特大の29号２ラン。これで月間14本塁打となり、松井秀喜と自身が記録していた日本選手の月間記録を更新。トラウトらが持っていた球団記録も塗り替えた。

6.29 アナハイム
ホワイトソックス戦の９回、中堅左へ29号２ラン

ア投手60年ぶり快記録

大谷翔平がマークした打者で２本塁打、投手で10奪三振はア・リーグでは1963年７月31日のラモス（インディアンス＝現ガーディアンズ）以来、60年ぶりの記録。同リーグでは73年から指名打者（DH）が導入され、投手が打席に入ることはなくなった。

2021年まではDHがなく、投手が打席に立っていたナ・リーグでは2017年にジャイアンツのバムガーナーや2019年にダイヤモンドバックス時代のグリンキー（ロイヤルズ）が記録している。

（共同通信）

自己最長150メートル弾

６月30日のダイヤモンドバックス戦の６回、日本選手初の３年連続30号を右越えに放った。飛距離は自己最長となる約150メートル。相手左腕の甘いスライダーを捉えた一発は、エンゼルスタジアム最長記録。今季のメジャーでも一番の飛距離だった。

日本選手初 3年連続30本

6.30

6.30 アナハイム
ダイヤモンドバックス戦の６回、日本選手初となる３年連続の30号ソロを右越えに放つ

独走31号　2位に7本差　7.2

7.2 アナハイム　ダイヤモンドバックス戦の８回に31号ソロ。２位との差を７本に広げた

通算打撃成績
〔7/2 時点〕

打　率	.306
打　点	68
本塁打	31

7/2　vsダイヤモンドバックス
アナハイム（交流戦）　●5-2
3番DH
4打数１安打１打点
三振／三振／左飛／右越えHR①＝31号

投手でも球宴に選出　7.2
大リーグ機構がオールスター戦の投手を発表し、ア・リーグ５位の得票があった大谷翔平が選出された。投打の「二刀流」での選出は３年連続。

7/1　vsダイヤモンドバックス
アナハイム（交流戦）　●1-3
3番DH
4打数無安打
中飛／三振／三振／一直

前半戦締めくる32号

7.8

29歳の誕生日飾れず

7/5 vsパドレス
サンディエゴ（交流戦）
●3-5

3番DH

4打数無安打
ニゴ／ニゴ／ニゴ／三飛

3年連続で100安打

7/7 vsドジャース
ロサンゼルス
●4-11

1番DH

3打数1安打
一ゴ／右安／四球／三振

3安打、再び打率3割台

7/8 vsドジャース
ロサンゼルス
●5-10

1番DH

4打数3安打3打点
中安／右中間三塁打／中飛／中越えHR②＝32号／左犠飛①

7/3 vsパドレス
サンディエゴ（交流戦）
●3-10

3番DH

3打数無安打
四球／遊ゴロ／四球／三振／ニゴ

2被弾5失点で4敗目

7/4 vsパドレス
サンディエゴ（交流戦）
●5-8

3番投手兼DH

打

3打数無安打
三振／左飛／一ゴ

投

4敗（7勝、防御率3.32）
5回⅔　86球
安7　振5
四死球4
失5　責5

7.4 サンディエゴ
パドレス戦の6回、ボガーツに2ランを浴びた大谷。前回登板で割れた右手中指の爪が治らず、まめもできた影響でこの回2本塁打を浴びた

7.7 ロサンゼルス
ドジャース戦の4回、右前打を放ち3年連続100安打に到達

7.8 ロサンゼルス
ドジャース戦の3回、三塁打を放って滑り込む。二塁打が出ればサイクル安打だったが九回の打席は左犠飛だった

通算打撃成績
〔7/8時点〕

打率	.302
打点	71
本塁打	32

7.8 ロサンゼルス
ドジャース戦の7回、32号2ランを放ちダイヤモンドを回る大谷翔平

3年連続球宴 初アーチ持ち越し

7.11

ドキュメント7・11

スーパースターに駆け上がった二刀流は、最高峰の選手が集う球宴でも群を抜く注目度。トップ選手が大谷に駆け寄り、写真をせがみ談笑する姿が印象的だった。大忙しだった「翔タイム」の1日を追った。

レッドカーペットさっそうと

AM11:00

現地時間午後5時の試合開始だったが、大谷は球場から約3キロ離れた特設会場へ。恒例のレッドカーペットショーにグレーのスーツ姿で参加し、国内外のメディアなどのインタビューに応じた。

野球少年たちの「ショウヘイ」コールを受けながらレッドカーペットを歩く大谷翔平（小田野純一撮影）

PM2:00

Tモバイル・パークに移動し練習開始。投手陣と記念撮影をしながら、同僚エステベスと軽めのキャッチボール。右腕ジャンセン（レッドソックス）や外野手タッカー（アストロズ）らと談笑した。スタンドから大谷に大声援。打撃練習への期待が高まったが、そのまま姿を現さず練習は終了した。

大谷登場　観客総立ち

PM4:30

試合開始直前、右中間から内野にレッドカーペットが敷かれた。両リーグの控え選手が紹介され、先発メンバーはナ・リーグから登場した。

PM4:59

「主役」の大谷が姿を現すと観客は総立ちで迎えた。先発メンバーで最も大きな歓声が響いた。セミエン（レンジャーズ）とじゃれ合いながらベンチに入った。

三振と四球　それでも主役の輝き

大谷翔平（29）は7月11日（日本時間12日）、第93回オールスター戦にア・リーグの「2番・指名打者」で先発出場。1四球1三振で初本塁打はならなかったが「素晴らしい投手が集まっているので、なおさら打つのは難しい」と3年連続出場の夢舞台での真剣勝負を楽しんだ。

一流選手が「主役」と認めた存在だからこそ、球宴でも全力投球を挑まれた。初回の第1打席。シアトルのTモバイル・パークは背番号17を大歓声で迎えた。

右腕ゲーレン（ダイヤモンドバックス）はナックルカーブなど変化球主体で、2球目を除いて全てボール球だった。大谷は6球目の低めの変化球で空振り三振を喫した。

四回の第2打席はカッブ（ジャイアンツ）と対戦。初球がチャンスだった。真ん中高めのナックルカーブを強振したが「思ったよりも曲がった」とボールの上をたたきファウル。3球目も甘いコースだったが捉え切れなかった。最後は四球出塁となり、笑みを浮かべた。

伸び盛りの若手選手が数多く選出された今年の球宴。試合前はお祭りムード全開だったが、初回から外野フェンス際の好捕が続くなど最高のプレーで真剣勝負を繰り広げた。

大谷は「普段同じリーグで戦っている主力選手たちと一緒にラインアップに入れるのは特別なこと。何回経験しても素晴らしいことだと思う」と充実した表情で振り返った。打撃については「どっちもフルカウントになっては多少ボール球でも振っていきたいという気持ちで打席に立った」とストライクゾーンの勝負が少なく悔しさもにじませた。そして「本塁打は打ってみたい」。きっぱり言い切った。　（小田野純一）

7.11 シアトル

オールスター戦の第2打席、フルカウントから四球を選び一塁に向かう大谷。初本塁打は持ち越しとなった

試合終了　　塁上でアラエスと談笑　　ア最多得票でトロフィー授与

PM5:23

いよいよ試合開始。第1打席は空振り三振。二回表終了後、ファン投票でア・リーグ最多得票を獲得した表彰を受けた。迎えたカスティーヨ（マリナーズ）とハイタッチ。右腕を折り曲げるカスティーヨ得意のガッツポーズで応じた。

第2打席は四球。一塁でフリーマン（ドジャース）と会話。暴投で二塁へ進むと、アラエス（マーリンズ）が話しかけてくる。「おまえの足が必要だ」「そんなことないよ」

ベンチでテレビのインタビューを受けていると、前日のホームラン競争で優勝したゲレロ（ブルージェイズ）が後ろでこっそり大谷のうなずき方をまねる。気付いた大谷が肩を組んで笑顔を見せる。第3打席は代打を送られた。

ファン投票のア・リーグ最多得票でトロフィーを手にして歓声に応える

4回、塁上で二塁手アラエス（左）と談笑

PM8:26

大谷のア・リーグは2―3でナ・リーグに敗れて試合終了。相手チームの選手からも声をかけられ、人気者の背番号17は物まねや相手を笑わせる一言など気さくに交流し、夏の夢舞台を存分に楽しんでいた。

2カ月連続MVP

7.28 トロント
ブルージェイズ戦の１回、前日から３打席連続本塁打となる39号ソロ。４万２千人の観客はもちろん、エンゼルスのベンチ全員が驚く一撃だった。後方は喜ぶエンゼルスの選手たち

フルスイング9発

3試合連続
3打席連続
7月も規格外

　大谷翔平が７月も圧巻の打撃を見せた。15～17日に３試合連続本塁打を放つと、27日のタイガース戦ダブルヘッダー第２試合で２アーチ、翌日のブルージェイズ戦第１打席で３打席連続本塁打。リーグトップの月間９本塁打、両リーグトップの39号をマークしてア・リーグ野手部門で２カ月連続の月間最優秀選手（MVP）を受賞した。出塁率もリーグトップの４割４分７厘だった。

7.15 アナハイム
アストロズ戦の９回、中越えに33号ソロ。10 ― 12と迫り、後続の同点劇を呼び込んだ

サヨナラの口火33号

7.15

大谷翔平の一発がサヨナラ勝ちの流れを呼び込んだ。9―12と3点を追う九回、反撃の口火を切る33号ソロ。スライダーを一振りで仕留めた。

マウンドにはワールド・ベースボール・クラシック（WBC）の米国代表でも守護神を務めた右腕プレスリー。大谷は今季5打数2安打1本塁打と負けていないが、安打以外は全て三振。捉えられるかどうかの勝負だった。

この日はチェンジアップに手こずり3三振。プレスリーもチェンジアップを続け、初球はストライク。2球目は大きく外れた。

カウント1―1からの3球目。プレスリーの得意球スライダーが甘く入ると、打球は中堅方向へ豪快なアーチを描いた。大谷が放った6月末からの直近4本塁打は全てスライダーだ。

これで勢いに乗ったチームは3、4、5番の3連打などで同点に追い付き、延長戦へ突入。大谷は十回1死二塁から申告敬遠で歩いたが、次打者の二ゴロが守備の乱れを誘いサヨナラ勝ち。右翼席の記者席が揺れるほど3万7千人のファンが劇的な勝利に酔いしれた。七回には5点を奪われて3―9。それでも大谷をはじめ野手陣が粘り強く戦い、チームの連敗を「6」で止めた。

（小田野純一）

7/15 vsアストロズ
アナハイム ●13-12（延長10回）
2番DH
5打数1安打1打点
三振／ニゴ／三振／三振／**中越えHR①**
＝33号／敬遠四球

5失点5敗目　エ軍6連敗

7.14

後半戦初戦のマウンドは爪の影響もあって５失点。西地区２位のアストロズに今季３戦３敗となった。２－０の四回、死球と連続四球で招いた無死満塁から同点を許し、五回途中で降板。チームも前半戦から６連敗を喫した。

7.14 アナハイム
アストロズ戦の４回、適時打を許し悔しそうな表情を見せる

7/14 vsアストロズ
アナハイム ●5-7
2番投手兼DH

打	投
5打数2安打 左安／左飛／左安／三振／三振	**5敗**（7勝、防御率3.50） 5回⅔　94球　安5　振7 四死球4　失5　責4

連夜の一撃 34号ソロ

7.16

2夜連続のサヨナラ勝ちを信じ、初球を豪快に振り抜いた。大谷翔平は前日に続いてリードを許した九回、中越えに34号ソロ。94試合目で早くも昨季の本塁打数に並んだ。

本来は回ってくるはずのない打席だった。七回を終えて7－3。ネビン監督は相手打順を考慮して八回に守護神エステベスを投入し、勝利を追求した。九回に登板したバリアが残り1人までリードを守りながら本塁打を浴び逆転された。

背番号17は二刀流だからこそ、投手の苦しみが分かっている。7－9の九回裏1死で打席が回り、表情には打ちたい気持ちがあふれていた。

初球の内角高めの90マイル（約145キロ）を迷いなく強振。肘をたたんでバットを球の軌道に入れると、パワーで中堅方向へ押し込んだ。柔と剛、今季の大谷の打撃を象徴する一発だった。

前日のように後続も続き、2死一、二塁。大谷はベンチから何度も手をたたいて鼓舞した。タイスが放った打球は右中間へ。大歓声が起こったが右翼手がダイビングキャッチしてゲームセット。連夜の劇的勝利とはならなかった。

逆転負けがつらかったのか、気持ちを切り替えようとしたのか、大谷は試合終了後も最後までグラウンドを見つめていた。

エステベスは「まだ60試合以上ある。立ち直り、団結して乗り越える」と言葉を振り絞るように語った。

（小田野純一）

通算打撃成績
〔7/16 時点〕

打率	.301
打点	73
本塁打	34

7/16 vs アストロズ
アナハイム
●8-9
2番DH
4打数1安打1打点
遊直／ニゴ／中飛／四球／中越えHR①＝34号

7.16 アナハイム
アストロズ戦の9回、2試合連続となる34号ソロ。8－9と1点差に迫る

確信バットフリップ35号 7.17

絶好調 3戦連続アーチ

完璧に捉えた打球は大きな弧を描き、中堅へ消えた。1－3で追う七回2死一塁から昨季を上回る35号2ラン。3試合連続弾で試合を振り出しに戻し、チームの延長サヨナラ勝ちに貢献した。

1－3の七回2死一塁。マウンドにはヤンキースの2番手右腕キング。シンカー2球の後、ど真ん中の直球を空振り。1ボール2ストライクで迎えた4球目だった。捕手は同じ直球でボール球を要求したが、ストライクゾーンに甘く入った。背番号17は会心の一振りで仕留めた。

本塁打を確信した豪快なバットフリップ。その後ろで憤る相手捕手。球場に歓喜と悲鳴が交錯した。直近2本塁打は淡々とベースを回ったが、この日は違う。豪快な同点アーチに大谷は拳を握って雄たけびを上げ、珍しくヘルメットを放り投げた。

（小田野純一）

7.17 アナハイム ヤンキース戦の7回、3試合連続の35号2ラン。本塁打を確信しバットを放り投げる

7/17 vsヤンキース
アナハイム ●4-3（延長10回）

2番DH

4打数3安打2打点
右安／左中間二塁打／敬遠四球／中越えHR②＝35号／三振

「三塁打キング」今季7本目

7/18 vsヤンキース
アナハイム ●5-1

2番DH

3打数1安打1打点
三振／四球／右翼線三塁打①／三振

メジャー単独トップとなる7本目の三塁打で追加点をもたらし、チームの勝率5割復帰に貢献した。

相手先発は今季完全試合を達成した右腕ヘルマン。3－1で迎えた五回1死一塁の第3打席。低めのチェンジアップを捉えると打球は110.5マイル（約178キロ）と本塁打並みの速さで一塁手の横を破り、あっという間に右翼フェンスへ。悠々と一塁走者をかえし、自らも俊足を飛ばして三塁に達した。

7.18 アナハイム
ヤンキース戦の5回、適時三塁打を放ち二塁を回る大谷

4四球で貢献、ヤ軍に3連勝

7/19 vsヤンキース
アナハイム ●7-3

2番DH

1打数無安打
四球／四球／三振／敬遠四球／四球

ヤンキースが大谷翔平との勝負を避けた。今季初の1試合4四球で中軸につなぎ、名門相手に2009年以来となるスイープ（3戦全勝）達成に貢献した。

3番ウォードは直近5試合で4打点、4番モニアクは打率5割と絶好調。期待に応え、ウォードは初回の大谷の四球後に先制2ラン、モニアクは大谷の四球から始まった三回に右前適時打と出塁を生かした。後半戦6試合で42得点は両リーグ合わせ2位タイ。18試合連続本塁打は1982年以来の球団記録タイとなった。

4被弾も8勝目

7.21 アナハイム 7.21

パイレーツ戦に先発した大谷。自身ワーストの４本塁打を許したものの、19試合連続本塁打の球団新記録をマークした味方打線に助けられ８勝目を挙げた

7/21	vs パイレーツ アナハイム（交流戦） ● 8-5
2番投手兼DH	
打	投
1打数無安打 四球／四球／三振／四球	8勝（5敗、防御率3.71） 6回⅓　87球　安6　振9 四死球2　失5　責5

3三振、3戦連続無安打

7/22	vs パイレーツ アナハイム（交流戦） ● 0-3
2番DH	
4打数無安打 三振／三振／中飛／三振	

エ軍、西地区3位に浮上

7/23	vs パイレーツ アナハイム（交流戦） ● 7-5
2番DH	
3打数1安打1打点 中越えHR①＝36号／三振／四球／三振	

7.23 アナハイム

パイレーツ戦の１回、中堅へ36号ソロ。内角球を捉えた打球はゴルフボールのような低い弾道でフェンスを越える、驚きの一発だった

驚がく36号ライナー弾 7.23

7.24-7.30

今季3度目の週間MVP

完封&連発ダブルヘッダー「大谷劇場」

7月27日に敵地デトロイトで行われたタイガースとのダブルヘッダーは大谷翔平の独壇場となった。２番投手兼指名打者として出場した第１試合では、メジャー６年目にして初完封。力強い直球を主体に五回に１安打を許しただけの完璧な内容で今季９勝目（５敗）を挙げた。その１時間20分後に行われた第２試合は２打席連続本塁打。第２打席の二回に37号２ラン、続く四回には38号ソロを放ち、６月27日以来となる１試合２ホーマーでチームを４連勝に導いた。ただ、投打にフル回転した影響か、けいれんで七回に代打が送られて交代した。

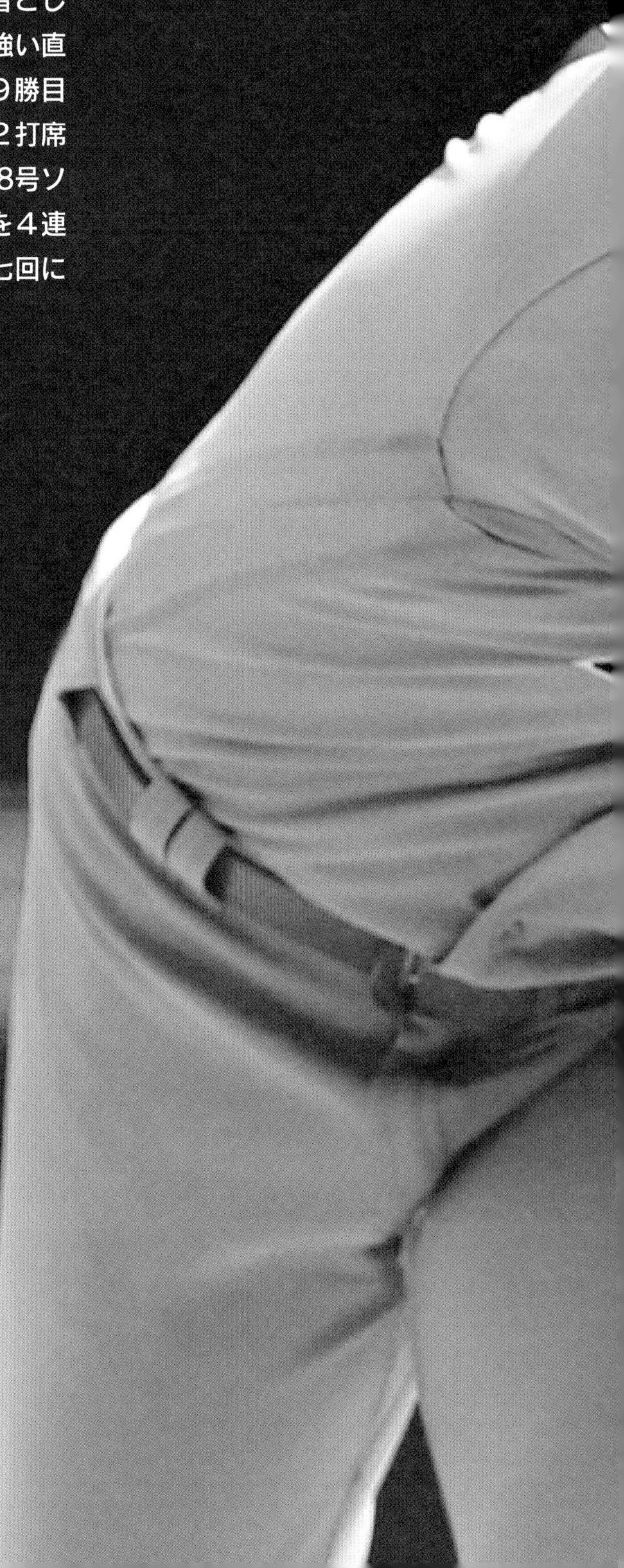

7.27 デトロイト
タイガースとのダブルヘッダー第１試合に２番・投手兼指名打者で先発、メジャー初完封の９勝目を挙げる

7.27 デトロイト
タイガースとのダブルヘッダー第１試合で１安打完封した大谷翔平

力勝負1安打完封
第1試合
7.27

7/25 vsタイガース　デトロイト　●7-6（延長10回）
2番DH
3打数無安打1盗塁
四球／左飛／四球／三振／三振

旧友ロレンゼンと再会

　大谷翔平がかつて二刀流を志した旧友と再会した。昨季エンゼルスで８勝を挙げ、今季タイガースに移籍した右腕ロレンゼン。試合前、笑顔で抱き合い、２人で楽しそうに話していた。
　キャッチボールを終えると、大谷から駆け寄りがっちりと握手。2021年まで二刀流でプレーしたロレンゼンは、昨季先発投手として覚醒。今季オールスターにも出場した右腕はアナハイム出身で今もエンゼルスファンだ。
　大谷について「先発登板への準備や唯一無二のスライダー。どうして投げられるのか、配球にどう生かしているのか。昨季まで間近で学び自分の投球にも生きている。大谷は賢く、打者の考えを読む。最も好きなのは、ピンチなどでギアを切り替えた時。ワールド・ベースボール・クラシック（WBC）もそうだった」と熱く語った。

7.25 デトロイト
試合前に元チームメートでタイガースのロレンゼンと握手を交わす（小田野純一撮影）

7/26 タイガース戦悪天候で中止

8奪三振で9勝目

7/27 vsタイガース　デトロイト　第1試合　●6-0
2番投手兼DH

打	投
5打数無安打 三振／中飛／ 左飛／三振／二ゴ	**9勝**（5敗、防御率3.43） 9回　111球　安1　振8 四死球3　失0　責0

けいれんで7回に交代

7/27 vsタイガース　デトロイト　第2試合　●11-4
2番DH
3打数2安打3打点
三振／左越えHR②＝37号／右中間HR①＝38号

左へ37号
右へ38号

第2試合　7.27

7.27 デトロイト
タイガースとのダブルヘッダー第２試合で２打席連続本塁打。２回に低めの直球を捉えて左翼席へ37号２ラン（写真右）、４回は右中間へ38号ソロを放りこんだ（写真左）

7.28 トロント
ブルージェイズ戦の1回、前日から3打席連続本塁打となる39号ソロを右翼スタンドに突き刺す

2試合連続で2敬遠

7/30 vs ブルージェイズ
トロント ●3-2
（延長10回）
2番DH
3打数1安打
左飛／左安／敬遠四球／二ゴ／敬遠四球

2打席連続で申告敬遠

7/29 vs ブルージェイズ
トロント ●1-6
2番DH
2打数1安打
死球／右中間二塁打／敬遠四球／敬遠四球／三振

7/28 vs ブルージェイズ
トロント ●1-4
2番DH
4打数2安打1打点
右越えHR①＝39号／三振／左安／遊ゴ

前日から3打席連発39号 7.28

フル回転の影響…脚けいれん

　前日に体を酷使し、出場さえ危ぶまれた背番号17がいきなり初球を振り抜いた。前日の2連発に続き、第1打席に39号ソロを放ち、自身初となる3打席連続本塁打を記録した。

　2試合で躍動し、けいれんで途中交代した翌日。普段と変わらない「2番・指名打者（DH）」のオーダーが発表された。当初はこの日が登板予定だったこともあり、4万2千人の大観衆が大谷に注目する。ざわつきながら迎えた初回の第1打席の初球。内角低めの直球を簡単にすくい上げて美しいアーチを描くと、ざわつきはどよめきに変わった。

　ただ、この日は打線の流れが悪かった。1番レンヒーフォが無安打とつなげず、大谷は第3打席にしぶとく左前打を放ったが無得点。3点差を追う九回は満塁の好機で回るはずだったが、ベンチで両脚がけいれんし、代打が送られた。

（小田野純一）

7.29 トロント

ブルージェイズ戦の6回、2打席連続で申告敬遠された大谷。敵地ながら場内からブーイングが起こった

通算打撃成績
〔7/30 時点〕

打　率	.302
打　点	81
本塁打	39

疲労ピーク　試練の8月

8/3　vs マリナーズ　アナハイム　●3-5
2番投手兼DH

打	投
2打数2安打 **1打点1盗塁** 右安／四球／敬遠四球／右越えHR①＝40号	**勝敗つかず** （9勝5敗、防御率3.32） 4回　59球　安3　振4 四死球1　失0　責0

8/2　vs ブレーブス　アトランタ（交流戦）　●5-12
2番DH
3打数2安打
右安／三振／右安／四球

8/1　vs ブレーブス　アトランタ（交流戦）　●1-5
2番DH
4打数1安打1盗塁
三振／三振／遊内野安／一ゴ

7/31　vs ブレーブス　アトランタ（交流戦）　○4-1
2番DH
3打数2安打
死球／敬遠四球／右安／右安／中飛

痛烈　2季ぶり40号
8.3

8.3 アナハイム
マリナーズ戦の8回、2季ぶりの40号ソロを右翼席へ放つ

エ軍6連敗　遠のくPO《プレーオフ》

8/6　vs マリナーズ
アナハイム
●2-3
（延長10回）
2番DH
4打数1安打
中安／三振／三振／ニゴ

8/5　vs マリナーズ
アナハイム
●2-3
2番DH
4打数無安打
ニゴ併殺打／右飛／三振／三振

8/4　vs マリナーズ
アナハイム
●7-9
2番DH
4打数1安打
三振／四球／左中間二塁打／三振／三振

24歳剛腕に屈す
ブレーブス戦の3回、24歳の剛腕ストライダーに空振り三振を喫する＝8月1日、アトランタ

「ダブル2桁」お預け
10勝目を懸けて臨んだマリナーズ戦の3回、味方外野手の好捕をたたえる大谷。この日は右手中指がつり4回限りで降板、2年連続の「2桁勝利2桁本塁打」はお預けとなった＝8月3日、アナハイム

大谷の気迫届かず
マリナーズ戦の3回、ムスタカスが3ランを放ち、三塁から雄たけびを上げて本塁へ向かう大谷。2点を追う9回無死一、二塁の場面では空振り三振に終わり、チームは4連敗となった＝8月4日、アナハイム

エ軍、8月未勝利
マリナーズ戦の延長10回、リードを許す展開にベンチで浮かない表情の大谷。チームはプレーオフ（PO）進出を争うライバルに本拠地で4連敗を喫し8月未勝利。勝率5割を切った＝8月6日、アナハイム

通算打撃成績
〔8/6時点〕

打率	.306
打点	82
本塁打	40

偉業2年連続「ダブル2桁」

8.9

8.9 アナハイム
ジャイアンツ戦に先発し６回１失点で10勝目を挙げた大谷翔平。ベーブ・ルース以来となる偉業を成し遂げた１年前と同じ日、史上初の２年連続「２桁勝利、２桁本塁打」を達成した

8.8 アナハイム
ジャイアンツ戦の１回、先制の中前打。この一打で勢いに乗ったエンゼルスは８月初勝利を挙げた

気迫の6回1失点

8/9 vsジャイアンツ
アナハイム（交流戦） ●4-1

2番投手兼DH

打	投
2打数 無安打 三振／三振／敬遠四球／四球	**10勝** （5敗、防御率3.17） 6回　97球　安3 振5　四死球3 失1　責0

今季22試合目の投打同時出場で６回１失点。７月27日からの連戦の最終戦を気迫の投球でしのいだ。２年連続「２桁勝利、２桁本塁打」と10勝40本塁打はメジャー史上初の快挙。

エ軍、泥沼の7連敗

8/7 vsジャイアンツ
アナハイム（交流戦） ●3-8

2番DH

4打数2安打1盗塁
中安／一ゴ／右中間二塁打／右飛

大谷先制打、連敗ストップ

8/8 vsジャイアンツ
アナハイム（交流戦） ●7-5

2番DH

4打数1安打1打点1盗塁
中安①／中飛／右飛／遊ゴ／敬遠四球

通算打撃成績〔8/13 時点〕	
打率	.305
打点	84
本塁打	41

8/13 vsアストロズ ヒューストン ●2-1
2番DH
3打数1安打1打点1盗塁
ニゴ／三振／**中越えHR①＝41号**／四球

8/12 vsアストロズ ヒューストン ●3-11
2番DH
4打数1安打
三振／三振／右中間二塁打／左飛

8/11 vsアストロズ ヒューストン ●3-11
2番DH
4打数1安打
ニゴ／三振／中安／三振

9試合ぶり特大41号

8.13 ヒューストン
アストロズ戦の6回、9試合ぶりとなる41号ソロ。中堅フェンスを軽々と越える約137㍍の特大の一発を見舞い、2位に10本差をつけた

力ずく42号

8.16

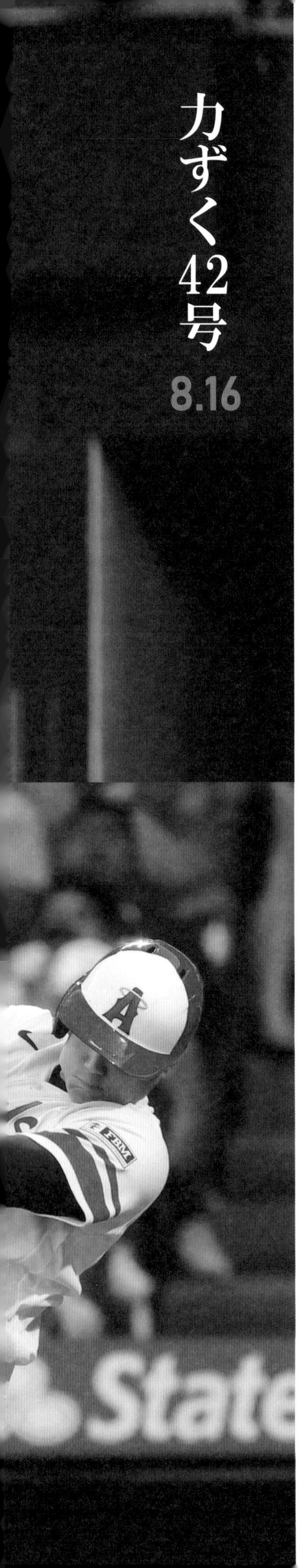

8/18 vsレイズ アナハイム ●6-9（延長10回）

2番DH

5打数2安打4打点
一塁内野安／右越えHR④＝43号／三振／三振／三振

8/19 vsレイズ アナハイム 第1試合 ●7-6

2番DH

3打数無安打
三振／左飛／左飛／四球

8/19 vsレイズ アナハイム 第2試合 ●4-18

2番DH

3打数1安打
三邪飛／左飛／四球／右中間二塁打

8/14 vsレンジャーズ アーリントン ●0-12

2番DH

3打数無安打
三振／三振／三飛

8/15 vsレンジャーズ アーリントン ●3-7

2番DH

4打数1安打
一塁内野安／一ゴ／三振／二ゴ

8.15 アーリントン
大谷が打席に立った際に「カムトゥテキサス（テキサスに来て）」と書いたボードを掲げ、大合唱する敵地のレンジャーズファン

8/16 vsレンジャーズ アーリントン ●2-0

2番DH

4打数3安打1打点
中越えHR①＝42号／三塁内野安／左飛／遊内野安

通算打撃成績
〔8/19 時点〕

打率	.306
打点	89
本塁打	43

8.14 アーリントン
レンジャーズ戦でサイ・ヤング賞3度受賞のシャーザーと公式戦で初対戦。1回と4回はいずれも空振り三振、7回も三飛に打ち取られた

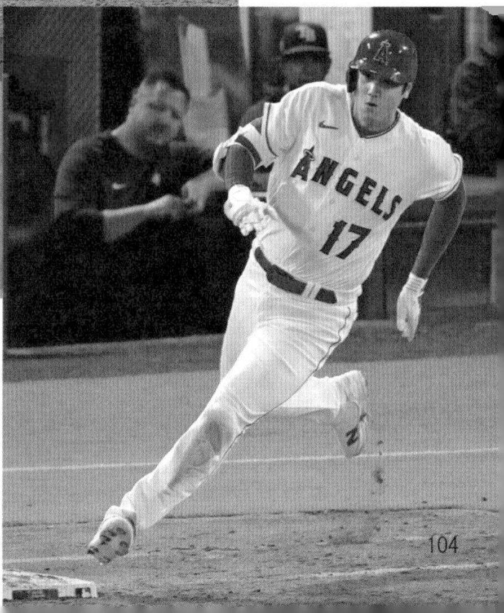

8.19 アナハイム
レイズとのダブルヘッダー第2試合の8回、二塁打を放ち一塁を回る大谷

8.16 アーリントン

レンジャーズ戦の１回、先制の42号ソロ。つり球の直球を中堅左へたたき込み、体をのけぞらせた勢いでヘルメットが脱げるほどだった

43号満塁弾

8.18

8.18 アナハイム

レイズ戦の２回２死満塁、右越えに43号本塁打。2022年５月９日以来のグランドスラムで５－１とリードしたが、エンゼルスは延長戦で敗戦。９回には球団26年ぶりの三重殺を記録したが勝利には結びつかなかった

44号暗転…緊急降板

8.23

右肘じん帯損傷「投手大谷」今季終了

８月23日のレッズとのダブルヘッダー第１試合に「２番・投手兼指名打者」で出場。１回に44号２ランを放ったものの、直後の２回途中に降板。試合後の検査で右肘のじん帯損傷と判明したため、残り試合は打者に専念となった。大谷は先発投手として23試合に登板し10勝５敗、防御率３・14。規定投球回には届かず、２年連続の投打同時規定到達とはならなかった。

8.23 アナハイム

レッズとのダブルヘッダー第１試合の２回、マウンドで手元に目を落とす大谷翔平。わずか26球で降板し、検査の結果、右肘のじん帯損傷と判明した

トップ独走44号

8.23

8.23 アナハイム
レッズとのダブルヘッダー第1試合の1回、先制の44号2ラン

心配無用「打者大谷」フル回転

8.25 ニューヨーク
メッツ戦の3回、先発の千賀が投じた沈む球をとらえ、肘のじん帯を損傷している右腕一本で右越え二塁打を放つ

8.27 ニューヨーク
メッツ戦の1回、大谷の顔写真の横に「もう何も壊さないで」のメッセージが表示されたスコアボード。前日の特大ファウルが右翼席の電光掲示板を直撃、パネルを壊していた

8/25 vs メッツ
ニューヨーク（交流戦） ●3-1

2番DH

2打数1安打
四球／右二塁打／四球／一ゴ／敬遠四球

8/26 vs メッツ
ニューヨーク（交流戦） ●5-3

2番DH

3打数2安打1打点2盗塁
中越え二塁打／右翼線三塁打①／四球／中飛／敬遠四球

8/27 vs メッツ
ニューヨーク（交流戦） ●2-3

2番DH

4打数無安打
左飛／三振／ニゴ／三振

8/22 vs レッズ
アナハイム（交流戦） ●3-4

3番DH

3打数無安打
三振／四球／三振／左邪飛

8/23 vs レッズ
アナハイム 第1試合（交流戦） ●4-9

2番投手兼DH

打	投
1打数1安打 2打点 右越えHR② ＝44号	**勝敗つかず** (10勝5敗、防御率3.14) 1⅓ 26球 安0 振2 四死球1 失0 責0

8/23 vs レッズ
アナハイム 第2試合（交流戦） ●3-7

2番DH

5打数1安打
三ゴ／中飛／右二塁打／三振／ニゴ

通算打撃成績
〔8/27 時点〕

打　率	.305
打　点	92
本塁打	44

8.23 アナハイム
ダブルヘッダー第2試合の5回、遊撃手デラクルス（44）らレッズの選手たちが二塁打を放った大谷の近くに集まり、言葉を交わす

創痍の二刀流

2年ぶり20盗塁 9.3

9.3 **オークランド**
アスレチックス戦の５回、今季20盗塁目となる二盗を決める。大リーグ公式サイトによると40本塁打―20盗塁を複数シーズンで達成したのは球団史上初めてで、歴代でも８人目

2年連続150安打 8.30

8.30 **フィラデルフィア**
フィリーズ戦の５回、右前適時打を放ち２年連続150安打に到達。打点も昨シーズンに並ぶ95に伸ばした

135試合　満身

9.3 オークランド
アスレチックス戦の前、ウオーミングアップする大谷翔平。翌日から残り試合をすべて欠場したため、投打の大黒柱としてエンゼルスを引っ張ってきた満身創痍（そうい）の二刀流は135試合目で今シーズンを終えることとなった

右脇腹痛で残り試合欠場

9.4

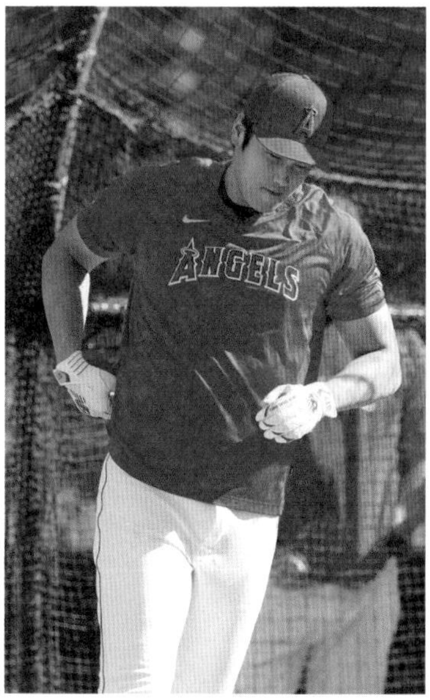

9.4 アナハイム
試合前の打撃練習でハーフスイングした後、体の右側に手をやる大谷。ここで練習をやめてベンチ裏に引き揚げた大谷は残り試合をすべて欠場した

9月4日の試合前のフリー打撃中に右脇腹を痛め、この日のオリオールズ戦以降を欠場。19日にはロサンゼルスの病院で右肘じん帯の手術を受けたことを球団が明らかにした。

通算打撃成績
〔9/3 時点〕

打　率	.304
打　点	95
本塁打	44

9/1 vsアスレチックス
オークランド ●2-9
3番DH
3打数1安打
一ゴ／三ゴ／右翼線二塁打／四球

9/2 vsアスレチックス
オークランド ●1-2
2番DH
2打数無安打
四球／遊ゴ／敬遠四球／遊飛／敬遠四球

9/3 vsアスレチックス
オークランド ●6-10
2番DH
3打数無安打1盗塁
四球／一飛／四球／三振／三振

8/28 vsフィリーズ
フィラデルフィア（交流戦） ●4-6
2番DH
4打数1安打
中安／中飛／敬遠四球／三振／一ゴ

8/29 vsフィリーズ
フィラデルフィア（交流戦） ●7-12
2番DH
5打数3安打2打点
三邪飛／投内野安／右安①／右飛／右中間二塁打①

8/30 vsフィリーズ
フィラデルフィア（交流戦） ○10-8
3番DH
4打数1安打1打点
三振／一ゴ併殺打／右安①／四球／三振

本塁打王は通過点

——運動部・小田野純一

「日本人は大リーグで本塁打王になれない」という固定観念をあっさりと打ち砕いた。エンゼルスの大谷翔平は44本塁打でア・リーグ1位を独走し、メジャー6年目で投打を通じて初のタイトルを獲得。三冠王の可能性もあった今季は広角に打ち分けながら柵越えを量産した。

スケールアップは止まらない。引っ張って本塁打数を伸ばした2021年は打率2割5分7厘で46本。広角に戻したが本塁打が減った2022年は2割7分3厘で34本。今季は確実性と飛距離という異なる要素を両方とも向上させた。

半数近くが右方向だった一昨年に比べ、今季は大半の本塁打が中堅方向。内角球を左中間に放り込む大谷らしい打撃は力強さが増していた。

勝利への渇望が進化を加速させた。チームに貢献したい思いが強い背番号17は、海を越えた時から長打率と出塁率を足した「OPS」で10割超を目指していた。今季は長打率6割5分4厘、出塁率4割1分2厘で、初めて10割を突破。打率3割超も初。本塁打だけでなく、チャンスメークもこなす「至高の打撃」だった。

リスク承知の新たな試みも奏功した。日本製だった野球道具の契約を一新。プロ入りから10年、自身にとっては「卒業」の意味合いもあったのかもしれない。新たなバットは昨季ア・リーグ新記録の62本塁打を放ったジャッジ（ヤンキース）らも使用する米チャンドラー社製。これまでの長さ85センチから約87・6センチ（34・5インチ）となり、バット全体は細くなった。「振りやすさが飛距離にもつながり、アベレージ（打率）にも関わってくる。自分がより振りやすいものにした」とシーズン前に語った大谷。内角への強さ、外角の際どい球への対応を考えて一新されたバットで、3月のワールド・ベースボール・クラシック（WBC）から衝撃的な打球を放った。

2019年の引退会見で語ったイチローさんの言葉が現実味を帯びる。「投手として20勝して、翌年に50本塁打を打ってMVP（最優秀選手）を取ったら化け物。でも、翔平はそれが想像できない」。同一シーズンでダブル達成する可能性も十分にある。

本拠地エンゼルスタジアムで迎えた10月1日（現地時間）の今季最終戦、前日に続き大谷は姿を見せた。試合後は半袖のTシャツに着替え、クラブハウスではギプスで巻かれた右腕を挙げ、チームメートに「See you guys」と笑顔で叫び、球場を後にした。

9月19日に2度目の右肘手術を受けた大谷。来季は打者として開幕から復帰できる見込みという。30歳を迎える来季は、日本人選手初の「3割、30本、30盗塁」を期待せずにはいられない。

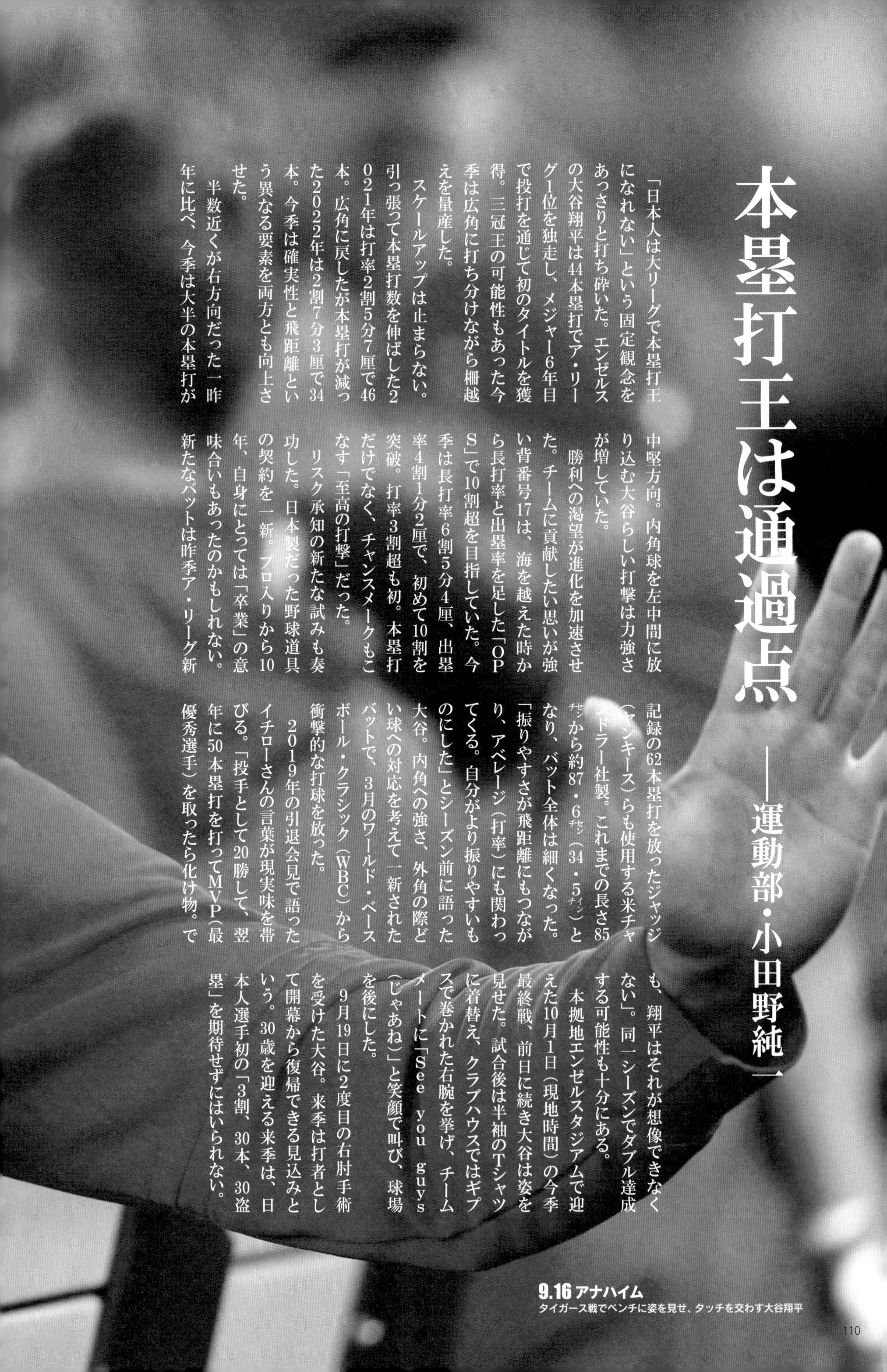

9.16 アナハイム
タイガース戦でベンチに姿を見せ、タッチを交わす大谷翔平

大谷の今季本塁打

○数字は①ソロ②2ラン③3ラン④満塁

本数	日付	方向	投手	飛距離（メートル）	球種
1①	4/2	右中	左	136.2	スイーパー
2②	3	中	右	131.4	チェンジアップ
3②	9	左中	左	121.0	スライダー
4②	18	右中	右	119.2	スイーパー
5①	23	右中	右	126.5	カーブ
6②	26	中	右	122.2	シンカー
7①	30	中	右	125.9	カットボール
8②	5/10	右	右	124.4	カーブ
9③	15	右	右	139.0	カーブ
10①	18	右	右	115.2	チェンジアップ
11①	20	右中	右	126.2	直球
12①	24	左中	左	121.3	カットボール
13①	30	中	右	132.6	直球
14②	31	中	右	129.5	直球
15②	31	右	右	139.9	直球
16①	6/6	右	右	114.0	カットボール
17②	9	中	右	134.1	チェンジアップ
18②	10	右	右	121.9	スライダー
19①	12	中	右	139.9	シンカー
20②	12	左	左	118.3	カットボール
21②	14	左中	左	138.1	直球
22②	15	中	左	135.0	スライダー
23①	17	中	右	133.2	チェンジアップ
24②	18	右中	右	128.6	カーブ
25①	23	右	左	132.3	シンカー
26①	26	右	右	135.9	スライダー
27①	27	右中	右	127.4	直球
28①	27	左中	右	123.1	スプリット
29②	29	左中	右	133.5	スライダー
30①	30	右	左	150.3	スライダー
31①	7/2	右	左	138.4	スライダー
32②	8	中	右	132.0	スライダー
33①	15	中	右	123.1	スライダー
34①	16	中	右	125.3	直球
35②	17	中	右	122.8	直球
36①	23	中	右	125.0	カットボール
37②	27	左	右	116.7	直球
38①	27	右中	右	132.6	直球
39①	28	右	右	121.0	直球
40①	8/3	右	右	118.9	直球
41①	13	中	左	136.6	スライダー
42①	16	中	右	133.2	直球
43④	18	右	右	118.6	カットボール
44②	23	右	左	134.7	直球

（共同通信）

※データは大リーグ公式サイト「Baseball Savant」より

大谷のストライクゾーン別本塁打

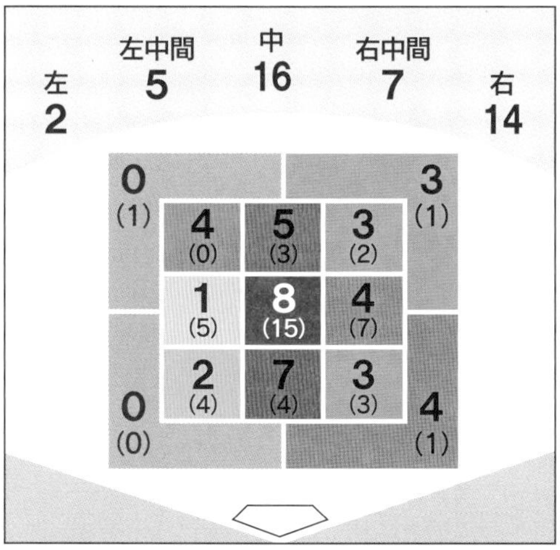

※データは大リーグ公式サイト「Baseball Savant」より
※（　）は46本塁打の2021年

球種別

直球	14
スライダー・スイーパー	12
カットボール	6
カーブ	4
チェンジアップ	4
シンカー	3
スプリット	1

対戦カード別

ホワイトソックス	7
レンジャーズ	5
アストロズ	4
マリナーズ	4
ロイヤルズ	3

本塁打アラカルト

メジャートップ最長150メートル

6月30日のダイヤモンドバックス戦で放った30号は493フィート（約150メートル）の飛距離を計測。自己最長で今季のメジャー全体でもトップだった。打球速度は6月18日のロイヤルズ戦での24号が最速で、117・1マイル（約188キロ）を記録した。

ホワイトソックスから7本

20チームから本塁打を放ち、対戦カード別ではホワイトソックスから最多7本（5月3本、6月4本）。同地区のレンジャーズから5本、マリナーズとアストロズからそれぞれ4本ずつ放った。

登板試合での本塁打は7本

先発投手として登板した23試合で、自己最多の7本塁打をマーク。6月27日のホワイトソックス戦では先制ソロとダメ押しの2ランを放ち、自ら7勝目をつかんだ。

大谷翔平2023の足跡

1.6	第５回ワールド・ベースボール・クラシック（WBC）日本代表発表。大谷翔平は背番号16
2.15	アリゾナ州でキャンプイン
3.9	WBC１次リーグ開幕。大谷は初戦の中国戦に３番・投手兼指名打者で先発。投手として４回１安打無失点、打っては４打数２安打２打点の活躍で８－１の勝利に貢献
3.12	１次リーグ豪州戦で先制３ラン
3.21	WBC決勝で日本代表が前回覇者の米国を３－２で破り、第２回大会以来14年ぶり３度目制覇。大谷は９回に救援登板、同僚のトラウトから空振り三振を奪って勝利を決めた。二刀流で日本代表をけん引した大谷は大会MVPに選出された 「憧れてしまったら超えられない。今日一日だけは彼らへの憧れを捨て、勝つことだけを考えよう」（決勝前の円陣で）
3.30	２年連続でエンゼルス開幕投手 「ＷＢＣのクローザーの方が緊張していたので、ああいうシチュエーションをスプリングトレーニングの期間にできたのは、僕的にはプラス」
6.17	ロイヤルズ戦でメジャー通算150号となる23号ソロ
6.22	オールスター戦のファン投票でア・リーグ最多の264万票を獲得。３年連続で選出
6.23	ロッキーズ戦で日米通算200号となる25号ソロ
6.30	日本選手初の３年連続30号本塁打。月間15本塁打は日本選手最多および球団新
7.3	ア・リーグ野手部門の６月月間MVPと週間MVPを同時受賞 「打撃面はベストに近い」
7.11	オールスター戦に２番・指名打者で出場。１三振１四球で初アーチは持ち越し 「普段同じリーグで戦っている主力選手たちと一緒にラインアップに入れるのは特別なこと。何回経験しても素晴らしいことだと思う」
7.27	タイガースとのダブルヘッダー１試合目でメジャー初完封。２試合目で２アーチ 「I'm finishing（僕が試合を終わらせる）」（８回を投げ終え、様子をうかがうネビン監督に）
8.2	ア・リーグ野手部門の７月月間MVPを受賞。通算４度目
8.3	マリナーズ戦で２季ぶりとなる大台40号
8.9	ジャイアンツ戦に先発し10勝目をマーク。史上初の２年連続２桁勝利２桁本塁打を達成。10勝40本塁打もメジャー初 「疲労はみんなピークくらいじゃないかなと思う」
8.23	レッズとのダブルヘッダー１試合目で先制アーチを放つも２回途中降板。右肘じん帯損傷が判明
9.4	試合前の練習で右脇腹を痛め、試合を欠場
9.16	負傷者リスト入りで３年目のリアル二刀流が終了。135試合に出場し10勝44本塁打
9.19	ロサンゼルスで右肘の手術。2018年10月以来２度目
9.27	昨年62本塁打のリーグ新記録を樹立したジャッジ（ヤンキース）が２本塁打。残り４試合で37号に伸ばす
9.28	本塁打王争いで２位のガルシア（レンジャーズ）が39号。残り３試合で大谷に５本差
9.30	13日ぶりにチームに合流。エンゼルスのチームMVPに３年連続で選出され、グラウンドでトロフィーを授与される
10.2	レギュラーシーズンが終了し、日本選手初の本塁打王を獲得。メジャー６年目で初のタイトル。 専門誌ベースボール・アメリカが年間最優秀選手に大谷を選出。2021年以来２度目の受賞

（日付は現地時間）

9.30 アナハイム

今季のチームＭＶＰを受賞し、試合前のセレモニーで記念写真に納まる。大谷の左隣はネビン監督、右隣はエンゼルスのミナシアンＧＭ（代表撮影・共同通信）

10.1 アナハイム

レギュラーシーズンの最終戦のベンチで笑顔を見せる大谷翔平。９月４日以降を欠場したにもかかわらず44本塁打を放ち、日本選手初の本塁打王を獲得した

10.1 アナハイム

エンゼルスタジアムのチケット売り場にある大谷翔平の巨大な写真